Rüdiger Nehberg:
Survival-Training

Knaur

Zeichnungen von Marian Kamensky

»Mein Bleistift ist immer spitz!«

Selbstbildnis*

* In Wirklichkeit sieht er besser aus. *(Rüdiger Nehberg)*

Inhalt

I. Vorneweg

1. Vorwort 9
2. Was heißt hier Anfänger? 11
3. Zeichenerklärung 13
4. Der (Un-)Fall 14
5. Was ist und soll Survival? 18

II. Vorbereitungen

6. Das Survival-Team 23
7. Erste Planungen 25
8. Trainingsort 26
9. Vorbereitende Kurse 29
10. Selbsttest für Ehrliche: Verhalte ich mich umweltbewußt? 32
11. Grundsätzliches 35
12. Robin Wood: Verhaltenstips für den Aufenthalt in der Natur 38

III. Die Checklisten

13. Persönliches 41
14. Gemeinsames 44

IV. Die selbstgebastelte Ausrüstung

15. Der Tragekanister (Rucksack) ... 50
16. Packgestell aus Ästen 53
17. Der Überlebensgürtel 56

18. Die sichere Geldtasche   59
19. Das Zeltdach (Regendach)   60
20. Der Erste-Hilfe-Pack   63
21. Die Feuerdose   64
22. Der Schlafsack   67
23. Die Kletterleiter   68
24. Der Ganzkörpergurt   73
25. Der Kleinkram   75
26. Letzte Erledigungen   77

V. Die Woche

27. Die täglichen Wiederholungen . . .   79

Der erste Tag

28. Die Reportage   83
29. Schienen der Beine   92
30. Die Trage   95
31. Krücken zur Selbstbergung   97
32. Camp einrichten und sichern   98
33. Die Toilette 104
34. Der Müllbehälter 109
35. Das Abstellbord 110
36. Feuer Nr. 1 112
37. Mahlzeit Nr. 1 113
38. Der Knoten 117
39. Zaubertrick Nr. 1: Das durchgebrannte Seil 122

Der zweite Tag

40. Das kernige Frühstück 132
41. Das Flechten 135

42. Wasserbeschaffung und Filterbau . 141
43. Werkzeug aus Stein 146
44. Tee, Salat, Obst, Gemüse,
    Gewürze, Heilpflanzen und Parfum 149
45. Der Fischfang 155
46. Fische garen und räuchern 162
47. Das Stockbrot 166
48. Mahlzeit Nr. 2 169
49. Lebensmittel konservieren und
    lagern 170
50. Feuer Nr. 2 175
51. Zaubertrick Nr. 2: Die Sache mit
    dem Messer 177

Der dritte Tag

52. Bau von Fallen 185
53. Hindernis am Seil überwinden . . . 192
54. Das Aufseilen 196
55. Das Abseilen 198
56. Mahlzeit Nr. 3 203
57. Schwimmhilfen 204
58. Gefesselt ins Wasser 208
59. Feuer Nr. 3 213
60. Zaubertrick Nr. 3: Die verschwundene Zigarette 214

Der vierte Tag

61. Erste Hilfe: Transportmöglichkeiten 219
62. Stabile Seitenlage 222
63. Wiederbelebung 227

64. Verabreichen einer Injektion und Vernähen einer Wunde 233
65. Das Schlachten 248
66. Braten auf heißem Stein 252
67. Mahlzeit Nr. 4 254
68. Das Haltbarmachen des Felles ... 255
69. Das Floß 257
70. Feuer Nr. 4 264
71. Zaubertrick Nr. 4: Das verhexte Taschentuch 266

Der fünfte Tag

72. Das Klettern 270
73. Ekelsuppe 278
74. Mahlzeit Nr. 5 281
75. Der Bau einer Hütte 282
76. Der Bau eines Bootes 284
77. Das Feuerspucken 288
78. Zaubertrick Nr. 5: Der Eierbeutel . 290

VI. Danach

79. Auswertung per Tageszeitung, Illustrierte, Schülerzeitung 295
80. Dia-, Film- und Actionvortrag ... 297
81. Greenpeace: »Mensch, ich hab 'n Rohr!« 299
82. Schlußwort 301
83. Allerletzte Warnung 304

I. Vorneweg

1. Vorwort

Als ich das »Let's fetz«-Buch geschrieben hatte – von Spöttern gern mit »Letzter Fetzen« übersetzt –, dachte ich, euch Nachwuchs-Survival-Freaks eine Gebrauchsanweisung in die Hand gegeben zu haben. Und das wiederum erschien mir nötig, weil es so viele Anfragen wegen meiner früher gegebenen Überlebenskurse gab, daß ich mich ohnmächtig gegenüber diesem großen Interesse eurerseits fühlte.

Kurse können nur in kleinstem Rahmen wirksam sein, mit höchstens sechs Leuten, besser sind noch weniger. Und so alt kann ich ja nie werden, um alle Interessenten befriedigen zu können. Um so weniger, als gewisse Eltern ständig für neuen Nachwuchs sorgen und mich dadurch echt überfordern. Deshalb das »Let's fetz«-Buch. Zum Selbststudium für das »Fetzer-Abi« in Hausarbeit.

Doch damit war es offenbar nicht getan. Die einen meinten, Survival sei erst richtiges Survival, wenn ich es ihnen vormache. Woanders hielten die Leute diese Kunst lediglich für eine englische Vokabel (immerhin!). Wieder andere meinten, es genüge, eine gewisse Zeit hungernd (und allenfalls teetrinkend) zu verbringen.

Hungern ist aber etwas für Fortgeschrittene, nichts für Anfänger. Die wollen Abwechslung und Action und eben eine möglichst genaue Anleitung.
Aus der Fülle möglicher Themen habe ich deshalb für dieses Büchlein einige elementare Dinge herausgesucht, sie in eine halbwegs logische Reihenfolge gebracht und dann genau erklärt. Die einzelnen Übungen verteilen sich über fünf Tage, also eine prallvolle »Projektwoche«, ein Schnupperkurs oder ein Urlaubsvorschlag für Anfänger, die ihren ersten Kontakt mit dem Thema »Überleben« machen wollen. Ich hoffe, ihr überlebt ihn.

Hamburg, im Juni 1989   *Rüdiger Nehberg*

2. Was heißt hier Anfänger?

Ihr werdet es gleich merken, wenn ihr weiterlest: Ich wende mich mit diesem Buch eindeutig an junge Leser, an Schüler, Lehrlinge, Studenten, kurzum an Jugendliche im Teenie- oder Twenalter. Was noch lange nicht heißen soll, daß die ältere Generation das Survival-Programm schon können würde. Eher im Gegenteil, unter meinen Altersgenossen und -genossinnen gibt's wahrscheinlich wesentlich mehr Anfänger, und die würden sich vermutlich bei den meisten Übungen viel tolpatschiger anstellen als ihr – hätten also allen Grund, mehr zu trainieren.
Also, ich will hier keinen ausschließen, und die Älteren unter euch mögen sich genauso angesprochen fühlen wie die jüngeren, und sie mögen mir das vertrauliche »Du« nachsehen.
Anfänger im Sinne dieses Kompaktlehrganges ist jeder, der schon mal von Survival gehört hat, sich dafür interessiert, aber bisher noch keine Gelegenheit hatte, sich wirklich damit zu befassen. Ebenso der, der die Möglichkeit sieht, für dieses 5-Tage-Programm ein paar Freunde oder Freundinnen zusammenzutrommeln, die genauso interessiert sind. Denn alleine hat's wenig Sinn, eine kleine Gruppe muß es schon sein.
Übrigens, ich habe dieses Training mit einer Schülergruppe getestet, und deshalb schreibe ich also manchmal so, als hätte ich Pennäler vor mir. Natürlich kann man die Sache auch in Ab-

sprache mit den Eltern, einem Onkel, dem Trainer im Sportclub oder irgend jemandem machen. Kurzum: Möglichkeiten gibt es viele, nur – anfangen müßt ihr!

3. Zeichenerklärung

Klasse-Idee.
Wichtig.
Bin ich stolz drauf.

Gefährlich.
Sicherheitsregeln beachten
oder Testament machen.

Nebenverdienstmöglichkeit
(10% an mich bitte).

Naturschutz respektieren!

Ein Nehberg-Special:
Turbogeil.

4. Der (Un-)Fall

Der Weg ist schlüpfrig wie eine schlechte Ausrede. Er ist zudem steil wie ein Zahn und so felsig wie schlecht gewaschener Salat. Da kann man nur von einer Schikane der Natur reden. Oder von der Verantwortungslosigkeit der Menschen dieses Landes, weil sie es nie für nötig befunden haben, dir den Weg zu asphaltieren, mit einem Geländer zu versehen und mit Leuchtzeichen und Warnschildern zu bestükken. Dazu kommt, daß es bald dunkel wird. Es nieselt, und es wird kalt. Hintern Berg lauert bereits die Nacht. Du legst einen schnelleren Gang ein, denn das nächste Dorf ist noch sehr weit. Aber weil es da warme Betten gibt, willst du es unbedingt erreichen und denen im Dorf die Meinung sagen, von wegen Asphalt sparen. Wie immer und überall: am verkehrten Ende. »Diese Gebirgler«, fluchst du vor dich hin, »sollten sich mal an Norddeutschland ein Beispiel nehmen. Da ist man verantwortungsbewußt. Da hat man längst jeden Berg abgetragen und die Landschaft sauber eingeebnet, gehgerecht.« Denn: Ordnung und Sauberkeit sind das halbe Leben. Aber hier, wo du läufst – Natur pur. Das totale Chaos, Unkultur hoch drei. Und dann wundern sich die Leute, wenn der Tourismus ausbleibt. Selbst schuld. Aber wahrscheinlich kommen einem die Einheimischen mit der Vokabel »naturbelassen«! Billige Ausrede. Schlichte Faulheit ist es nämlich in Wahrheit.

Denn wozu liefert die Industrie Asphalt und Beton bereits in 17 Lieblingslandschaftsfarben? Vom aparten Fahlgelb mit Feinstmarmorierung in Rotbraun bis hin zum beruhigenden Olivgrün mit satten Flockenschatten.
Natürlich ist dir klar, daß die Welt längst genügend Asphalthaut zu Markte trägt, und im Prinzip bist du ja für Naturschutz und gegen Asphalt. Aber da sowieso bald alles zubetoniert ist, sogar die Köpfe der Leute, kommt es auf die paar Quadratmeter auch nicht mehr an. Denn schließlich geht es um deine Sicherheit, und die rangiert vor dem Naturschutz. Wo käme man auch sonst hin? Wofür zahlt man seine Steuern und die Kurtaxe? Umweltschutz soll gefälligst bei den anderen anfangen und nicht bei dir selbst.
So und ähnlich brummelst du vor dich hin. Kurz und gut: Du bist sauer wie Babywindeln. Du bist unkonzentriert wie ein umgekippter Stapel Dosen im Supermarkt. Und in diesem Moment passiert's: Der Schmierseifenweg verweigert dir den Halt. Du kommst ins Rutschen, du propellerst mit sämtlichen Extremitäten durch die Luft, du suchst einen Halt. Aber der Halt hält sich prompt woanders auf. So schlägst du der Länge nach hin. Volle ... Zentimeter (persönliche Daten bitte hier selbst eintragen!). Vielleicht sogar etwas länger wegen der Elastizität jungcr Menschen. Dennoch sind auch der gummibärchenstärksten Elastizität Grenzen gesetzt. Es macht knack, du schreist, du fluchst, und du erkennst mit der dir eigenen computer-

haften Schnelligkeit: dein Bein ist gebrochen. Mutter Natur hat sich gerächt. Wahrscheinlich wegen deines Asphaltspruches. Das hättest du eigentlich wissen müssen. Geschändete Natur rächt sich immer. *Deine* Schwäche, *ihre* Stärke. Sie hat einfach den längeren Arm, und du nun das gebrochene Bein und den kürzeren Atem. Aber tröste dich: *Lieber arm dran als Arm ab.*
Was nun? Fluchen erleichtert zwar, aber es hilft dir nicht, das rettende Dorf zu erreichen und diesen Bürgermeister – welcher unwählbaren Partei gehört er doch gleich an? –, bei dem du dich beschweren willst.
Schon allein deshalb mußt du dieses Dorf ansteuern. Koste es, was es wolle. Wut ist ein zuverlässiger Motor. Aber erst einmal alles der Reihe nach. Zunächst liegst du hier noch in der Landschaft herum mit einem ganzen und zwei halben Beinen. Du liegst wie festgeschraubt, und von Minute zu Minute wird dir immer klarer, daß du dir das Fluchen für einen späteren Zeitpunkt aufheben mußt. Für morgen oder für nächste Woche. Zumal es hier doch niemand hört, und es hat nur vor Zeugen einen Sinn. Jetzt benimmst du dich lieber wie eine *Schnecke,* die sich ein Bein gebrochen hat, und handelst selbst, oder das Schicksal tut es für dich. Denn langsam aber sicher kriecht die Furcht in dir hoch. Unsicherheit kommt auf und paart sich mit zunehmender Bescheidenheit. Sämtliche Härchen proben den Aufstand und sträuben sich bei dem Gedanken an die Nacht und die Einsamkeit. Du zitterst, aber das wärmt

nur vorübergehend und unzureichend. Du wirst dir klar darüber, daß dich jetzt nur noch Vernunft und überlegtes Handeln aus dieser Lage befreien können. Gelobt sei, was hart macht.
Und so oder ähnlich sei die Situation, aus der dich dieses Büchlein befreien soll. Doch keine Panik, dir als Anfänger seien ein paar Vergünstigungen eingeräumt, sofern du den Asphaltspruch zurücknimmst.
Als Komfort – das kommt vor – sei dir zugestanden, daß du ein paar Hilfsmittel bei dir hast und du nicht allein bist, sondern in der Gruppe. Und noch ein Luxus: Du magst ihn zwar für unrealistisch halten und für zuviel des Guten, und du kannst ihn auch gern ablehnen, aber ich wollte ihn dir trotzdem angeboten haben: Du brauchst dir das Bein nicht *wirklich* zu brechen. Wir simulieren den Notfall. Ist das ein Angebot? Schließlich ist man ja in erster Linie Mensch.

5. Was ist und soll Survival?

Survival ist nicht Würmeressen, jedenfalls nicht nur. Aber das gehört weitläufig dazu, denn es ist auf jeden Fall ein guter Schock, schnell vorzuführen, wortsparend, einprägsam. Ein Dauerbrenner, ein Gemütserhitzer, ein Emotionsauslöser für die Beurteilung »wurmiger Spinner«. Eine sichere Möglichkeit, sich elitär hervorzutun und den Kritikern des Survivals Arbeit zu verschaffen. Und diese Kritiker und Meckerer *muß* es geben. Stellt euch vor, alle und jeder würden Survival gut finden und es praktizieren: Dann würden ja auch alle überleben – und die Welt würde aus den Nähten platzen mangels Sterbefällen. Schrecklicher Gedanke. Behaltet dieses Büchlein deshalb als Geheimtip nur für euch.
Survival ist die Überlebenskunst schlechthin, noch über das hinaus, was du sowieso schon zum Überleben beherrschst. Also: Ausreden erfinden, abschreiben und die Mutter den Abwasch allein machen lassen. Denn auch ohne das Wissen um Survival hast du genügend natürliche Instinkte, Abwehrkräfte und Reflexe in dir, die dich in bedrohlichen Situationen schützen. Aber mit zunehmender Zivilisation sind einige deiner Verteidigungsmechanismen verkümmert (worden), degeneriert, weil sie nicht mehr gefordert wurden. Die Straßen und Wege sind geebnet, die Treppen haben ein Geländer, in die zweite Etage nimmst du den Lift, das Toilettenpapier ist wei-

cher als die Hand, die Ampeln stoppen für dich die Autos; wenn du krank wirst, hilft dir der Arzt (und außerdem brauchst du dann nicht zur Schule). Gegen Hunger und Durst gibt's Supermärkte, gegen Hitze und Kälte Kleidung und Klimaanlagen.
Aber wehe, wenn etwas davon ausfällt! Dann ist gleich die große Panik da und die Logik vergessen. Es wird nach Verantwortlichen geschrien, die Gerichte werden bemüht. Und jeder hätte alles besser gemacht, wenn es nach ihm gegangen wäre. Aber leider ging es nicht nach ihm. Man wird ja nie gefragt. Die wissen ja alles besser, und nun haben sie den Salat oder die Überschwemmung oder den Autounfall oder die Umweltkatastrophe oder, oder, oder.
In der freien Natur wäre das alles anders. Da ist man allein und höchstpersönlich zuständig, und dann gleich für alles und rund um die Uhr. Freiheit und Abenteuer total. Da wird der Körper ständig zur Wachsamkeit und Verteidigung gefordert. Da muß er Tag und Nacht fertig werden mit Bedrohungen, seien es sichtbare wie Wetterunbilden und Insekten oder unsichtbare wie Bakterien und Intrigen. Aber keine Angst, daß ihm zuviel zugemutet würde! Sich solchen Attacken zu stellen, ist sein Hobby, dafür ist er von Mutter Natur extra ausgestattet worden. Belastbar, widerstandsbereit, vielseitig, anpassungsfähig. Je mehr er gefordert wird, desto besser bildet er seine Gegenwehr aus. Er entwickelt Muskeln, vergrößert das Herz, produziert Abwehrstoffe gegen Krankheiten, erweitert das

Hirn zur Aufnahme geistiger Nahrung. Ein verhätschelter Körper hingegen erlahmt, und wenn seine Fähigkeiten nicht gefordert werden, verkümmern und verschwinden sie.

Survival, im Sinne dieses Büchleins, ist das rechtzeitige Erkennen der Gefahren und deren wirksame Abwehr. Das kann die direkte Abwehr per Karate sein, das kann Abwehr durch eine List sein, das kann Abwehr durch Vorbeugung oder auch einfach durch Flucht sein. Angst ist keine Schande, sie ist ein überlebenswichtiges Alarmsignal. Wer es ignoriert, verkürzt sein Leben. Denn eines will »mein« Survival-Training nicht: Heldentum produzieren. Es ist lediglich das Antrainieren größtmöglicher Vielseitigkeit und der Fähigkeit, Probleme allein und unabhängig zu bewältigen. Es soll nicht den Ehrgeiz wecken, Rekorde aufzustellen. Survival-Teams kommen gemeinsam ans Ziel, zusammen mit den Verletzten und Schwachen. Survival ist also weder Rekordsucht noch ist es eine Frage des Geschlechts, des Alters oder der Herkunft. Es ist der in jedem Lebewesen steckende und durch das Training optimierte Drang, sich und seine Art zu erhalten. Und das endet nicht bei der Hautfarbe, der Religion oder der Parteizugehörigkeit.

Die Stärke des Survivors liegt in (s)einer Vielseitigkeit, die unangreifbar macht. Durch sie hast du immer noch einen Trumpf im Ärmel, durch sie wirst du dem unnötig vorzeitigen Tod so manches Mal ein Schnippchen schlagen, diese Vielseitigkeit ist eine Mischung aus Muskeln, Hirn und Seele. Survival enthält Elemente von Robinson Crusoe, Pfadfindern, Rangern, Kampfschwimmern, Trappern, Ersthelfern, Rettungsschwimmern, Eremiten, Einzelkämpfern, Stuntmen oder –women, Abenteurern, Entdeckern, Draufgängern, Angsthasen, Erfindern, Naturschützern, Tieren, Wissenschaftlern, Detektiven, Schauspielern, Journalisten, Rechnern, Managern, Kritikern. Eine Wahnsinnsmischung.

Als Folge der Vielseitigkeit wirst du zu einem Improvisationstalent, zu einem Stehaufmännchen, zu einem intakten Lebewesen. Du wirst befreit vom üblichen Sicherheitsdenken und wirst etwas risikofreudiger gemacht. Taten statt Warten.

Ein Blick in meine vier (nun fünf) Survival-Bücher läßt euch die große Palette der Möglichkeiten erahnen. Und einige wenige Disziplinen aus diesem Riesenspektrum findet ihr hier, zu einem halbwegs sinnvollen Projektablauf zusammengefaßt, wieder. Dieses Buch enthält ebenso völlig simple, aber wichtige Übungen wie auch regelrecht lebensgefährliche. Vorsichtsmaßregeln sind also strikt zu beachten. Auf jeden Fall ist eines sicher: der Vorteil eines solchen praktischen Survival-Projekts gegenüber vielen anderen, konventionellen, (nötigen) schulischen Disziplinen: Ihr erlebt den Erfolg eurer Anstrengungen sofort. Er wird euch beflügeln und zu weiteren Bemühungen anspornen. Einige Übungen werden einen regelrechten Glücksrausch auslösen. Ihr werdet Leistungen erleben, die ihr euch nie zugetraut hättet. Ihr werdet euch fühlen wie Queen oder King (nach manchen Training momentan auch mal wie ein schlichter King Burger, nämlich wie durchgedrehtes Hackfleisch). Und ihr werdet erhaben über all diejenigen lächeln, die euch spöttelnd als Würmerfresser abtun. Mit diesem Attribut lebe ich bereits seit drei Jahrzehnten glücklich und zufrieden.

Survival wird euch Mut geben und euch mutig machen. Es wird euch bestärken, den Schwachen zu helfen, gegen Ungerechtigkeiten anzugehen, euch zu engagieren für unterstützenswerte Aktionen und Organisationen, und es wird euer Selbstwertgefühl steigern. Es ist die Streicheleinheit für eure Seele.

Ich bin sicher, daß ihr euch nach Abschluß der Survival-Woche wie Stuntmen oder Stuntgirls in einem Hollywood-Action-Thriller fühlt, daß euer Selbstbewußtsein geklettert ist wie der Laubfrosch auf der Leiter und der Meeresspegel durch das Ozonloch und daß ihr bereits nach diesem Anfang merkt, um wieviel anders, um wieviel gelassener, um wieviel gewappneter ihr Probleme meistern werdet.

Sofern ihr die Woche überlebt habt, und das wünsche ich euch.

II. Vorbereitungen

6. Das Survival-Team

Euer Projekt steht fest, es heißt Survival. Ihr habt reichlich Bewerber und steht vor dem Problem, nicht alle Interessenten berücksichtigen zu können.
Ein kleines Team von vier Personen wäre ideal. Sechs sollten es allerhöchstens sein, anteilig Mädchen und Jungen. Dazu die Lehrerin, der Lehrer oder ein Elternteil oder Onkel Willi oder...
Um die Neugierigen von den ernsthaften Interessenten zu trennen, sollte man bereits bei Bekanntgabe des Projekts gewisse Anforderungen an die Bewerber stellen. Denn nichts in solchen Arbeitsgruppen ist schlimmer, als Gelangweilte und Lustlose mit dem Motto: »Die Weisheit jagt mich, doch ich bin schneller«. Wer mitmachen will, sollte grundsätzlich schon einmal wissen, was Survival will und soll. Er/sie sollte kameradschaftlich und sportlich sein und die Bereitschaft zum Risiko mitbringen. Er/sie sollte aktiv und initiativ sein mit dem Blick für anfallende Arbeit, er/sie sollte keine Arbeit scheuen, auch nicht den Abwasch. Vor allen Dingen muß jeder Teilnehmer von seinen Eltern schriftlich erklären lassen, daß man auf eigene Verantwor-

tung teilnimmt und nicht die erwachsenen Begleitpersonen haftbar zu machen gedenkt, wenn Unfälle passieren.

Habt ihr mehr als acht geeignete Bewerber, könnte das Los entscheiden. Oder ihr bildet zwei Gruppen, die unabhängig voneinander arbeiten. So sammelt jede Gruppe unabhängig voneinander Erfahrungen, die man später austauscht. Das ist um vieles reizvoller und bereichernder, als wenn ein Team dem anderen alles nachmacht.

7. Erste Planungen

Schließlich steht das Team endgültig fest, fest steht ja auch die Trainingswoche. Entsprechend schnell oder langsam läuft die Vorbereitung. Sie ist nicht zu unterschätzen. Ihr werdet feststellen, daß sie fast ebenso reizvoll ist – und genauso wichtig – wie die Projektwoche selbst. Zumal *jedes* Abenteuer einer vorangehenden Planung bedarf, schon wegen der Vorfreude und so. Vor allem aber, weil die eigentliche Trainingswoche dann um vieles effektiver verläuft. Die verschiedenen Besprechungen sollte man abwechselnd bei den einzelnen Teilnehmern durchführen. Schließlich sollen die Eltern eure Gruppe kennenlernen. Es wird sie beruhigen, wenn sie einbezogen werden und wenn sie feststellen, wie gut ihr plant und wie gut der Teamgeist ist.
Jeder schreibt seine Anschrift in eine Liste, mit der Telefonnummer von zu Hause und dem Anschluß der Eltern an ihren Arbeitsplätzen, um sie jederzeit erreichen zu können. Vergeßt nicht die Nummern der Schule und die des (später noch einzutragenden) Gastgebers, auf dessen Gelände ihr euch austoben werdet. Die Liste wird kopiert. Jeder erhält eine und hat sie stets griffbereit. Sie ist der erste Bestandteil eures späteren Überlebensgürtels. Es wird vereinbart, wer wen anzurufen hat, wenn es wichtige Nachrichten zu verbreiten gibt. Das muß zuverlässig klappen. Am besten hat jeder denjenigen zu informieren, der nach ihm auf der Liste steht.

8. Trainingsort

Problem Nummer eins wird der Trainings*ort* sein. Ich gehe sicher recht in der Annahme, daß ihr das Projekt nicht auf dem Schulgelände durchziehen wollt. Also bleibt die Frage: Wo? Denn jeder Quadratmeter Bundesrepublik gehört jemandem, und sei es dem Staat oder mir. Und dieser Jemand muß gefragt werden. Vielleicht habt ihr das Glück, daß eure Schule irgendwo ein Landheim besitzt. So was gibt es. Oder die Eltern und Verwandten eurer Mitschüler haben ein geeignetes Terrain. Auch so was gibt's. Normalerweise aber sieht's da schlecht aus. Wie also weiterkommen?
Bildet Gruppen zu je zwei Personen und nutzt das nächste Wochenende, um per Rad oder zu Fuß sternförmig auszuschwärmen. Jede Gruppe durchforscht ein bestimmtes Gebiet, das vorher auf der Landkarte festgelegt wird. Und jede Gruppe hat eine Checkliste mit, nach der die in Frage kommenden Orte bewertet werden. Diese Liste könnte etwa so aussehen:

1. Name und Anschrift des Eigentümers
2. Entfernung von der Schule
3. Zu erreichen mit...
4. Größe des Geländes
5. Gibt es dort:
   – Wald
   – Wiese
   – Bach, Fluß

- Teich, See
- Sandkuhle
- 3–5 m hohe Steilwand
  (Hauswand, Brückenpfeiler, Mauer; darf man in die Steilwand Haken schlagen?)
- Trinkwasser
- Lagerstelle
- Feuerstelle
- Kühe
6. Steht das Gebiet unter Naturschutz?
7. Standort des nächsten Telefons
8. Entstehende Kosten (Benutzungsgebühren)
9. Sonstiges

Die Checkliste ist fertig und wird kopiert. Jeder nimmt mehrere mit, denn sicher findet ihr nicht nur einen dafür in Frage kommenden Ort. Da wären Bauern zu befragen, die Dorfjugend, Förster, Gemeindeverwaltungen (Naturschutzbeauftragte), in kleinen Dörfern der Bürgermeister selbst. Stellt euch mit eurem Namen vor und erklärt euren Wunsch. Zeigt gleich euren Personalausweis, denn zunächst ist jeder Befragte mißtrauisch, auch wenn ihr noch so treue Augen habt. Mit der persönlichen Vorstellung nehmt ihr den Befragten gleich viel Wind aus den Segeln. Bedenkt, daß niemand gern seinen Alltagstrott stören lassen möchte, schon gar nicht von völlig fremden Typen wie euch. Also: psychologisch vorgehen!
Womöglich bastelt ihr euch Ausweise, die von der Schule abgestempelt sind und euch und euer Anliegen legitimieren. So richtig schick mit

Foto und in Folie. Sagt, daß ihr nur eine 6-Personen-Gruppe seid, die unter Aufsicht steht, und gebt dem Befragten eine kurze, schriftliche Projektbeschreibung, die in zwei Sätzen eure Worte bestätigt, auch daß ihr rücksichtsvoll sein werdet und euch der Naturschutzgedanke nicht fremd ist, daß ihr nach fünf Tagen das Gelände räumt, ohne Spuren zu hinterlassen. Ehrensache, daß ihr das auch einhaltet! Dafür sollte der erwachsene Gruppenleiter geradestehen.

Fragt, ob und wo man – eventuell auch gegen Bezahlung – angeln könnte, baden, Feuer machen, welchem Buschwerk Äste entnommen werden dürfen, wo es Trinkwasser gibt, wo man Melken lernen könnte.

Das alles schreibt in eure Checkliste ein. Beim nächsten Treff wählt ihr aus den Angeboten den besten Platz *und sagt allen anderen ab*. Das ist ebenfalls Ehrensache und sehr wichtig, damit spätere Projektgruppen beim nächsten Mal nicht abgewiesen werden.

9. Vorbereitende Kurse

Der Ort des Geschehens steht nun also fest, und es beginnt die Phase zwei, die Vorbereitung durch die Kurse.
Für jeden sollte ein Erste-Hilfe-Lehrgang mit Abschlußzeugnis Voraussetzung für die Teilnahme sein. Diese 14-Tage-Lehrgänge werden kostenlos zum Beispiel vom Roten Kreuz angeboten. Wenn ihr noch ein paar zusätzliche Teilnehmer für diesen Kurs begeistern könnt, kommen manche Ausbilder sogar ins Haus. Macht es dann wieder abwechselnd bei euren Eltern, um sie ständig auf dem laufenden zu halten und damit ihr jedesmal einen anderen Kuchen zu naschen bekommt. Wenn ihr hinterher die Zähne putzt, läßt sich jeder Kuchen verkraften, auch Nehbergs.

Genauso wichtig sollte euch ein Rettungsschwimmer-Lehrgang bei der DLRG sein. Nicht nur, weil Rettungsschwimmen zum Survival gehört, sondern auch aus zwei weiteren Gründen: Es vergrößert eure Sicherheit im Wasser, und ihr lernt Befreiungs- und Fesselgriffe, die ihr zur Verteidigung an Land ebensogut gebrauchen könnt. Diese Sicherheit im Wasser braucht ihr nicht nur für das Leben schlechthin, sondern auch für einige Übungen während des Projektes.
Dann solltet ihr *zumindest zwei* Naturschutzbeauftragte in eurer Gruppe benennen. Sie haben die Aufgabe, sich beim Naturschutzamt der zu-

 ständigen Gemeinde nach den Auflagen zu erkundigen, denen ihr euch unterzuordnen habt. Ferner sollten sich die Naturschutzbeauftragten auch anderweitig informieren über richtiges Verhalten in der Natur. Das beginnt mit Gesprächen mit dem Biologielehrer, geht über Lektüre aus Bibliotheken oder Buchläden bis hin zum Studium von Informationsmaterial der Naturschutzorganisationen Greenpeace, World Wildlife Fund, BUND oder Robin Wood.

Greenpeace e.V.
Vorsetzen 53
2000 Hamburg 11
Tel. 040-311860

World Wildlife Fund (WWF)
Hedderichstr. 110
6000 Frankfurt 70
Tel. 069-605003-0

Bund für Umwelt und Naturschutz Deutschland
Landesverband Hamburg e.V. (BUND)
Lange Reihe 29
2000 Hamburg 1
Tel. 040-244411

Robin Wood
Lahnstr. 65
2800 Bremen 1
Tel. 0421-500405

Schaut auch in die Telefonbücher, ob es von diesen Organisationen bei euch Regionalgruppen gibt.

Auch Förster und Jäger, *wenn sie Heger sind,* werden euch sicherlich ein paar gebietsspezifische Auskünfte erteilen.

Bereichert und gestärkt mit diesen Informationen, ist es die Aufgabe eurer Naturschutzbeauftragten, das neue Wissen an die übrige Mannschaft weiterzugeben und während des Projekts *strikt* auf die Einhaltung der Naturgebote zu achten. Sie müssen das unanfechtbare Recht haben, Übungen abzublasen, wenn durch diese eine Schutzverordnung verletzt wird. Das könnten sein: Feuer an unerlaubter Stelle, jeglicher Lärm, Betreten von Schutzgebieten, *Pflücken geschützter Pflanzen,* Aufscheuchen von Tieren...

10. Selbsttest für Ehrliche: Verhalte ich mich wirklich umweltbewußt?

Survivors, die meinen, zum Survival gehöre nur Karate und Jiu-Jitsu, nicht aber gleichwertig auch der Naturschutz, haben das Thema nicht begriffen. Natürlich ist es elementar wichtig, einen unmittelbaren Angriff wirksam abschlagen zu können. Aber genauso bedeutungsvoll ist es, die schleichenden Langzeitgefahren zu erkennen und zu bannen, wie zum Beispiel das zunehmende Ungleichgewicht zwischen Mensch und Natur, das letztlich auch zu Lasten des Menschen aus der Balance geraten wird. So wie wir wissen, daß es nach jedem Sommer einen Winter gibt, für den man Heizmaterial, warme Garderobe und Vorräte anlegen muß, so sollte man konsequenterweise auch die drohenden Umweltkatastrophen erkennen und etwas dagegen tun. Aber nicht durch »Reparatur«, sondern durch Ursachenbehebung, und nicht nur durch Lamentieren und Schimpfen, sondern besser durch Aktivität und gute Beispiele. Auf keinen Fall darf sich Resignation breitmachen. Allenfalls dann, wenn es um die Wiedervereinigung der Spalttablette geht. Ohne ständigen Druck einerseits und Opferbereitschaft andererseits bewegt sich nichts.

Wir müssen dahin kommen, daß es für Politiker opportun ist, sich für den Umweltschutz einzusetzen. Er wird garantiert einmal *der* Zukunftswirtschaftsfaktor schlechthin werden:

neue Technologien, neue Arbeitsbereiche und -plätze. So wie Schulen das Thema zum Lehrfach machen müßten, so müßte das Umweltministerium zum wichtigsten Ministerium erklärt werden.

Und wer wissen möchte, wie sein eigenes Umweltbewußtsein zur Zeit ausgeprägt ist, der möge sich gleich hier und jetzt »Sir Vival's« völlig unmaßgeblichem und absolut unrepräsentativem Selbsttest unterziehen.

Ich wette schon jetzt, daß ihr nicht die volle Punktzahl erreicht. Und es mag euch trösten (und schockieren), daß es mir nicht besser geht. Also, versucht's mal, aber ehrlich!

1. Ich bin mir darüber im klaren, daß Naturschutz überlebenswichtig ist. (Ja/nein)
2. Mein Beitrag zum Umweltschutz besteht aus regelmäßigen Spenden an eine der Umweltschutzorganisationen.
3. Ich praktiziere persönlich und aktiv Umweltschutz (z. B.: Verarbeitung ausschließlich umweltfreundlicher Produkte daheim, körperliche Einsätze bei Umweltschutzorganisationen, Müll sortiert abliefern...).
4. Ich ziehe auch eigene Umweltschutzprogramme durch (z. B. Teiche anlegen, Öko-Garten anlegen, Müll sammeln).
5. Ich unterstütze Umweltschutzmaßnahmen auch dann, wenn sie meine Bequemlichkeit, meinen Geldbeutel und meine Rechte beschneiden (z. B. lasse ich mein Auto stehen und benutze ein öffentliches Verkehrsmittel.

Und wenn ich das Auto benutze, habe ich einen Katalysator, tanke ich bleifrei, fahre ich nie über 100 km/h. Ich würde für alle Lebensgüter mehr Geld zahlen, wenn sie umwelt*un*schädlich hergestellt wurden).
6. Ich verhalte mich auch dann immer umweltschutzbewußt, wenn mich *garantiert niemand* beobachtet (z. B.: Ich werfe keine Batterie in den Müll und keine Abfälle aus dem Auto. Ich benutze keine Spraydosen ohne »Umweltschutzengel«. Ich kaufe keine Getränke in Wegwerfdosen. Ich reagiere nicht auf konsumsteigernde Werbung usw. usf.).

Auswertung:
Nun? Welche Fragen konntest du *uneingeschränkt* mit ja beantworten? Dann erhältst du für Frage 1 einen Punkt, Frage 2 zwei Punkte usw. und schließlich für Frage 6 sechs Punkte. Höchstens kannst du also 21 Punkte sammeln. Auf wie viele Punkte bist du – ohne Selbstbetrug – gekommen?

11. Grundsätzliches

Euer Projektmotto muß lauten: »Naturschutz geht vor Eigennutz«. Ihr seid euch dessen bewußt, daß ihr rücksichtsvoll arbeiten werdet und nichts gegen die Natur(schutzbeauftragten) durchsetzt.

Eine weitere Maxime sei die Wahrung der Kameradschaft. Sie ist ein zweiter, wesentlicher Aspekt für die Optimierung des Projekts. Bei Meinungsverschiedenheiten verdeutlicht jeder sachlich seinen Standpunkt. Vielleicht sieht einer der Kontrahenten seinen Fehler ein oder man findet einen Kompromiß, einen Vergleich, bei dem jeder ein Zugeständnis an den anderen macht.

Wenn eine Einigung nicht möglich ist, entscheidet der Rest des Teams, wem von den Streithähnen recht zu geben ist. Jeder ist gleichberechtigt, jeder hat eine gleich wertvolle Stimme. Ob jung oder alt, ob Männlein oder Weiblein (konsequenterweise gibt es auch keine typischen Frauenarbeiten [Ausnahme: Kinderkriegen. Weitere Ausnahme: Nicht während der Projektwoche!] oder typischen Männerjobs).

Überhaupt sollte man sich darauf verständigen, alles demokratisch zu entscheiden: ihr stimmt ab. Bei Stimmengleichheit entscheidet das Los, und jeder hat sich danach zu richten.

Richten sich die Betroffenen nicht nach dem Schiedsspruch, werden sie aus der Gruppe ausgeschlossen.

Das Survival-Team sollte sich auch darüber einig sein, daß es eine gemeinsame Kasse anlegt, über die ein Verantwortlicher und ein Stellvertreter genau Buch zu führen haben. Jeder Teilnehmer zahlt eine gleichhohe Summe ein. Was davon beglichen wird, entscheidet die Gemeinschaft. Wer persönliche Naschereien kaufen will, zahlt sie aus eigener Tasche.

Neben dem Kassenwart und seinem Stellvertreter und neben den Naturschutzbeauftragten werden zwei weitere Teilnehmer als Berichterstatter auserkoren. Sie sollten beide gut schreiben und fotografieren können. Vielleicht übernimmt einer die Fotos und einer den Videofilm, sofern ihr eine Videokamera auftreiben könnt.

Diese beiden Journalisten beginnen sofort mit der Arbeit. Sie fotografieren die Gruppe, die einzelnen Teilnehmer (ganze Person, Porträts, Person und Hobby), die Versammlungen, die Eltern, die laufenden Vorbereitungen, ob Erste-Hilfe-Kursus oder Basteleien. Die Kosten fürs Filmmaterial deckt die Gemeinschaftskasse. Bei gekonnter Berichterstattung wird man die Investition später leicht wieder zurückerhalten: von Tageszeitungen, vielleicht einer Illustrierten oder durch Vorträge.

Vielleicht gelingt euch alles sogar derart gut, daß ihr durch das Projekt bereits Neigungen und Fähigkeiten für einen zukünftigen Beruf entdeckt.

Es sollte auch vereinbart werden, daß die Sicherheit beim Training immer Vorrang vor dem

Risiko hat. Wenn ein Seil angescheuert ist, wird es ausgewechselt, bevor es reißt. Wenn jemand vor einer Übung Angst hat, braucht er sie nicht zu machen. Zwar sollte das übrige Team versuchen, den Ängstlichen zu überzeugen und mit gesteigerter Sicherung und Hilfsbereitschaft aufzumuntern. Aber keine Übung darf gegen den Willen des Teilnehmers durchgeführt werden.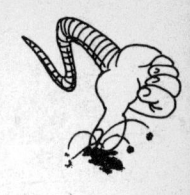

Das gleiche gilt für die sogenannte Ekelüberwindung: kein Gruppenzwang, sondern freiwillige Einzelentscheidung.

Genauso wichtig ist, daß es keinen Ersten und Besten geben sollte. Entscheidend bei unserem Training ist, mit so wenig Schrammen wie möglich *gemeinsam* das Ziel zu erreichen.

12. Robin Wood: Verhaltenstips für den Aufenthalt in der Natur

oder

Anleitung zum Waldesrausch von Robin Wood, dem Rächer der Entlaubten

Hallo, Nachwuchs,
womit beginnt normalerweise ein Waldspaziergang? Mit Autoabschließen. Auf asphaltierten Wegen stöckelt die Familie dann durch den Wald, wie durch einen Zoo, und tut umweltfreundlich: Sohnemann wirft das Bonbonpapier nicht weg, Papa ißt keine geschützten Insekten und Mutti weiß vor Schreck nicht, wohin mit den Kippen. Nach zwei Stunden ist endlich alles vorbei. Autoaufschließen, tschüs, Wald, war nett.
Verzeiht, liebe Jung-Survivors, den spöttischen Ton, aber fühlen wir uns im Wald nicht meist wie E. T.? Daran ändern auch die gutgemeinten Verhaltenstips nichts, die wir artig am Eingang des Waldes studieren: Werfen Sie keine brennenden Streichhölzer weg! Verlassen Sie nicht die Wege! Lassen Sie keinen Müll liegen! Wahrlich: So etwas muß nur einem Zoobesucher gesagt werden. Wer sich im Wald fühlt wie ein Bruder unter Brüdern, für den ist dies kalter Kaffee.
Setzt euch doch ruhig mal in den Wald. Mit dem Hosenboden auf den Waldboden, ja, Sonntagsanzüge sind hier nicht standortgerecht, wie der

Förster sagen würde. So, und nun haltet mal den Schnabel, denn im Wald spielt ihr nicht die Hauptrolle. Die Augen könnt ihr schließen, wenn ihr mögt, so lauscht sich's besser. Ihr werdet Autos hören, und sie werden euch hoffentlich stören. In unserem Land trifft man spätestens nach fünf Kilometern auf die nächste Straße, und es wird täglich die Fläche eines halben Fußballfeldes zuasphaltiert.

Freut euch an den satten Farben, an den Sonnenstrahlen, die durch das Blätterdach fallen wie Pfeile. Steckt eure Nasen alle in noch fremde Angelegenheiten, in den Boden, zum Beispiel. In einer Handvoll Erde leben mehr Tiere, als man sich vorstellen kann. Daß man auf denen nicht achtlos herumtrampelt, ist doch klar wie Elbewasser. Sucht nach Baumbabys, jeder fängt mal klein an, auch die 40-Meter-Buche.

... Aber was erzähle ich, besser schickt ihr mich für die nächsten Stunden fort, dann erlebt ihr eure eigenen Abenteuer.

Halt, ganz fertig bin ich doch noch nicht. Obwohl es in der stinkig-lauten Großstadt schwerfällt, an Natur zu denken – nirgendwo 'ne Eselsbrücke –, sollte euch bewußt werden, daß dort am meisten auf dem Wald rumgetrampelt wird:

- Jede Autofahrt setzt Gifte frei, die den Wald erdrosseln – und euch auch: weitersagen an Papa, mit 'nem schönen Gruß von mir.
- Haushaltsreiniger, Farben, Öl usw., die wir in den Ausguß kippen, werden vom Klärwerk

nur unvollständig zurückgehalten. So verseuchen sie Boden und Grundwasser.
– Verpackungsmaterial, z. B. Plastikbecher und -tüten, verbrauchen bei ihrer Herstellung viel Energie und Rohstoffe, bei ihrer Verbrennung oder Lagerung werden außerdem Gifte freigesetzt, die Luft und Boden verseuchen...

Dem Wald könnt ihr also nicht im Wald helfen, sondern nur in der Stadt, durch materielle Bescheidenheit und politischen Druck. Und wer in der Natur seine Geschwister erkennt, weiß, wen er zu verlieren hat.

So, jetzt aber...

Mit umweltfreundlichen Grüßen euer

Robin Wood

III. Die Checklisten

Ein nächster, sehr wichtiger Schritt ist die Zusammenstellung der Checklisten.
Lest euch meine Vorschlagsliste genau durch und ändert oder ergänzt sie nach euren Ansprüchen und Bedürfnissen.

13. Ausrüstungsliste »Persönliches«

	besorgt	*gepackt*
Turnschuhe		
Strümpfe		
Unterhose		
Badehose		
T-Shirt		
Hemd		
Pullover		
Stabile lange Hose mit zusätzlichen Beintaschen, die per Klettverschluß zu sichern sind *oder* Overall (sehr praktisch)		

	besorgt	gepackt
Gürtel mit Versteck für Geld		
Poncho		
Hut		
Wind- oder Öljacke		
Handtuch		
Waschzeug		
Zahnpflegemittel		
Rasierzeug		
Kosmetik		
Uhr		
Tagebuch		
Tragekanister (Extrakapitel)		
Schlafsack (Extrakapitel)		
Isoliermatte		
Regendach (Extrakapitel)		
Überlebensgürtel (Extrakapitel)		
Geldbörse		
Geldtasche (Versteck) (Extrakapitel)		
Ausweis		
Taschentuch		

	besorgt	*gepackt*
Taschenmesser		
Trinkflasche		
Musikinstrument		
Persönliche Medikamente		

14. Aurüstungsliste »Gemeinsames«

a) Technisches

	besorgt	*gepackt*
Feuerrost		
Fahrrad, Flickzeug, Pumpe		
2 kleine Töpfe (2 l)		
2 große Töpfe (10 l)		
Eisenpfanne		
WC-Papier		
Landkarte		
Videokamera und Zubehör		
Fotokamera und Zubehör		
Klappspaten		
1 stabile Klarsichtplastiktüte, groß		
Mülltüte		
große Rolle mehrfaseriger Kunststoffbindfaden		
Beil		
Säge		
etwa 5 kg Buchensägemehl		

	besorgt	*gepackt*
Kunststofftrinkbecher		
Feuerdose (siehe Extrakapitel)		
Aluminiumfolie		
1 Liter Petroleum		
Dübelsetzer und 10 Bohrhaken Nr. SA 72.011 + SA 72.001 (Kostenloser Katalog der Firma Globetrotterausrüstungen, Postfach 700709, 2000 Hamburg 70)*		
1 Fichtelhaken CI 72.632		
45 m Kernmantelseil oder 20 m Perlonseil, 9 mm ⌀		
2 Expreßschlingen KB 71.005 oder 5 m Perlonseil, 9 mm ⌀		
1 Abseilrolle KB 72.201		
1 Hammer		
2 Strickleitern (Extrakapitel)		
5 kg Holzkohle		
1 stabiler Klarsichtbeutel ab 10 l Volumen		
Vollkörpergurt (oder 8 m Gurtband ER 71.451)		

* Schaut in euer Telefonbuch, ob es auch in eurer Nähe einen Ausrüster gibt.

	besorgt	gepackt
2 Büchlein: Heilpflanzen-Kompaß; Wildgemüse-Kompaß; von Mannfried Pahlow (Verlag Gräfe und Unzer)		

b) Medizinisches (zusätzlich zum Persönlichen)

	besorgt	gepackt
1 Skalpell (gemeinsam)		
8 Einwegspritzen, ca. 5 ml		
8 Injektionsnadeln		
8 Med. Nadeln mit Garn		
8 Ampullen mit 5 ml Aqua destillata		
20 Tupfer oder 2 Mullbinden		
Schaumstoff, 2–5 cm dick (pro Teilnehmer ca. 10 × 10 cm großes Stück)		
1 Nadelhalter (leihweise vom Arzt) oder Kombizange		
1 chirurgische oder normale Pinzette		

	besorgt	gepackt
1 Glasspatel		
8 Paar sterile Handschuhe		
1 OP-Tuch (Taschentuchgröße, mit Loch von 6×6 cm in der Mitte)		
Hansaplast		
Leukoplast oder Lassoband		
10 Mullbinden		
1 Elastikbinde		
Desinfektionsmittel (z. B. Merfen-Orange, Rasierwasser, Kaliumpermanganat)		
1–2 Schienen		
Staubinde		
2 Dreieckstücher		
Brandpflaster		
Vaseline		
Glycerin (gegen spröde Haut und für einen Feuertrick)		
Erste-Hilfe-Anleitung		

c) *Lebensmittel (für 8 Personen)*

	besorgt	gepackt
Schraubkanister (5–10 l) für Trinkwasser		
1 l Pflanzenöl		
2–6 Tüten Trockensuppe (Frühlingssuppe, Leipziger Allerlei …)		
2 kg Müsli		
5 kg Mehl		
5 Tüten Backpulver		
2 kg Zucker		
1 kg Honig		
5 kg Kartoffeln		
1 kg Reis		
1 kg Zwiebeln		
1 kg Salz		
3 kg Bananen		
20 Brühwürfel		
1 kg Sonnenblumenkerne		
10 Zitronen		
1 totes Tier von der Straße oder 1 Wildkaninchen aus dem Laden		
10 Tütchen Schwarzer Tee		

	besorgt	gepackt
250 g Kakao		
500 g Milchpulver		
2 Tütchen Zimt		
1 kg Kaffee		

Trost:

Wenn man diese Liste sieht, könnte man meinen, eine ganze Armee wolle irgendwo überwintern. Natürlich gibt es mehrere andere Möglichkeiten, das Thema anzugehen, solche und solche. Aber meist sind das dann mehr solche als solche. Verstehe das, wer will.
Super-Survival wäre natürlich, ohne ein einziges dieser Dinge klarzukommen. Das kann man aber nicht in fünf Tagen lernen. Um diese wenigen Tage aber bestmöglich zu nutzen, nehmen wir die komplette Ausrüstung mit.

IV. Die selbstgebastelte Ausrüstung

15. Der Tragekanister (Rucksack)

Man kann ihn fix und fertig kaufen, dann kostet er runde 300 Mark (System Volker Lapp*), etwas fürs Leben. Oder man kann ihn basteln, dann kostet er um die 60 Mark und ist ebenfalls fürs Leben, wenn er auch nicht sooo professionell aussieht wie der Erstgenannte.

Auf jeden Fall haben die Tragekanister wesentliche Vorteile gegenüber Rucksäcken. Sie sind absolut wasserdicht, quasi unzerstörbar. Gleichzeitig ein Stuhl zum Ausruhen und ein Auftriebskörper für Flußdurchquerungen. Einziger Nachteil: Sie sind schwerer als die textilen Rucksäcke. Denn der 20-l-Kanister wiegt 1450 g, der 50er, den ich vorziehen würde, 3100 g.

Erhältlich sind die Vierkant-Weithals-Kanister im Globetrotter-Fachgeschäft. Dort gibt es auch die sechs Kunststoff-Spannriemen: 150 cm lang, 25 mm breit.

Um davon ein Tragegestell zu bauen, verfahren wir wie folgt:

Der erste dieser Gurte (oder das Seil) wird beim 50-l-Kanister von Griff zu Griff gespannt, also

---

* Survival-Ausrüster

im Halbkreis. Und zwar an *der* Seite des Kanisters, die beim Tragen zum Rücken hin gewendet ist. Beim 20-l-Behälter ist er nicht nötig. Seine Funktion übernimmt der Metallhenkel. Der zweite Gurt wird um das obere Kanisterdrittel gelegt (360°) und festgezogen, der dritte im unteren Kanisterdrittel, ebenfalls rundherum. Der vierte Gurt wird in der Mitte um den dritten geschlungen, und zwar dort, wo der Kanister am Rücken aufliegen wird. Von hier wird der Gurt unterm Behälter durchgeführt und am entgegengesetzten Ende wieder durch den unteren Gurt geführt und – ohne Kraft – einfach festgezogen.

Die zwei letzten Gurte (5 + 6) sind die Trageriemen. Sie werden unter Gurt 3, Gurt 2 und Gurt 1 (bzw. den Metallhenkel beim 20-l-Kanister) durchgezogen und dann auf eure Körpergröße eingestellt. (Zeichnung Nr. 7)

Und das war's schon. Wie so häufig ist das Einfachste oft das Beste. Da hatte ich bereits stundenlang experimentiert mit großartigen Netzgeflechten oder mit Billigrucksäcken, in die man den Kanister einsacken sollte, oder mit Tragegestellen und mit Bohrungen, Dichtungen und Verschraubungen, und da tauchten Thorsten und Sven aus dem Hamburger Globetrotter-Ausrüstungsladen auf und präsentierten mir die eben beschriebene, einfachste Version, die im Prinzip gar nicht mehr zu verbessern ist. Es sei denn, mit fertig kaufbaren, *gepolsterten* Schultergurten statt der Flachriemen. Aber das sind kleine Finessen, auf die ihr selbst kommen wer-

7

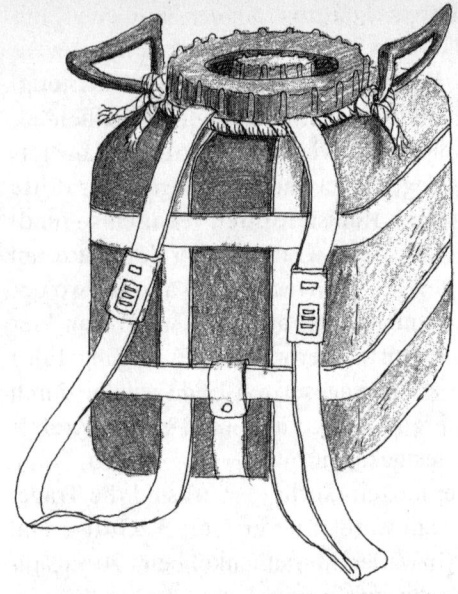

det. Genau wie auf einen eventuellen zusätzlichen Taillengurt und weitere Außenriemchen zur Befestigung von Isoliermatte und Zeltfolie. Als letztes: Reflexstreifen ankleben und den Namen draufschreiben.

16. Packgestell aus Ästen

Der Vorteil des im vorigen Kapitel beschriebenen Kanisters fürs Leben ist dessen Stabilität, seine Wasserundurchlässigkeit und seine Einsatzmöglichkeit bei Wasserdurchquerungen: als Schwimmhilfe für den einzelnen oder als Auftriebskörper für das Schnellbaufloß, sofern man mindestens drei Kanister pro Team zur Verfügung hat.

Aus Kostengründen kann es sein, daß der Kanister dem einen oder anderen immer noch zu teuer ist. Derjenige, für den das zutrifft, sollte zunächst aufmerksam im Gebrauchthandel oder im Sperrmüll nach Kanistern schauen. Hat er dort etwas Geeignetes gefunden, genügt für unser Training durchaus ein Stirngurt. (Zeichnung Nr. 8) Bei vielen Völkern der Erde ist er die einzige Art, eine Last zu tragen, und das ist nicht unpraktisch.

8

Klappt das nicht, biete ich euch hier alternativ die Bastelei eines Tragegestells aus Ästen an. Es kostet eigentlich gar nichts, außer Zeit – wie bei allen Basteleien. Aber man sollte das Gestell auch deshalb schon mal gebaut haben, um im Notfall diese Improvisationsmöglichkeit zu kennen.

Ihr sucht euch zwei besenstieldicke Astgabeln aus irgendwelchen Bäumen oder Hecken, wenn sie im Frühjahr oder Herbst gestutzt werden, und bindet sie mit zwei geraden Ästen zusammen. Es genügt ein einfacher, geschmeidiger

9

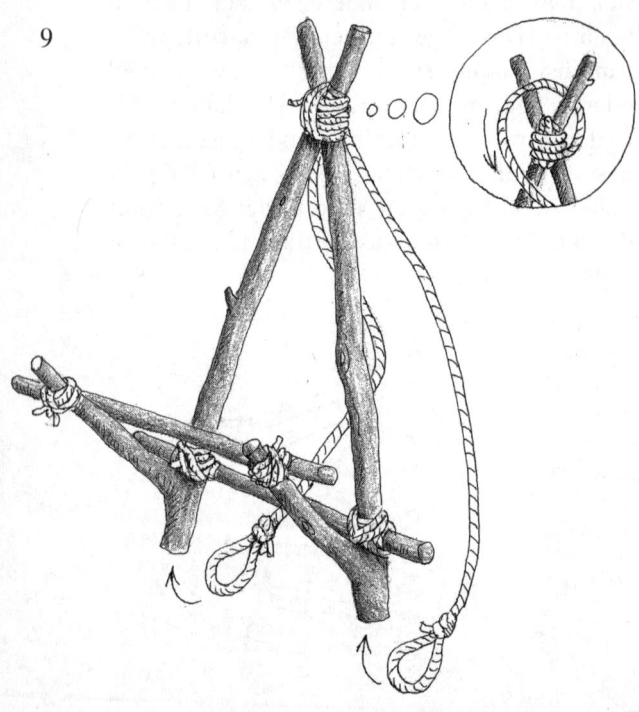

Bindfaden aus Hanf oder Kunststoff. Wichtig ist, daß ihr die Kreuzungspunkte mindestens zehnmal kreuz und zehnmal quer *stramm* umwickelt, und außerdem noch mehrfach in der Taille. Dann bringt ihr zwei dicke Tampen oder Meterware breiter Gurte als Tragegurte an. Sie werden auf eure Körpergröße eingestellt. Der eine wird fest fixiert, der andere erhält eine Schlaufe zum schnellen Auf- und Überstülpen, wie die Zeichnung (Nr. 9) es erklärt. Auf dieses Packgestell bindet ihr später euer mit stabilen Plastikfolien wasserdicht gemachtes Ausrüstungsbündel.

17. Der Überlebensgürtel

Es gibt Dinge, die kann man nicht mehr verbessern, allenfalls in Nuancen, und dazu gehört der Überlebensgürtel. Ihr kauft im Militär-Shop einen stabilen Leinengürtel mit Koppelschloß, gebraucht kosten die derzeit 13 Mark, und eine gebrauchte sogenannte Feldtasche.

Im Plastik- oder Globetrotterhandel beschafft ihr euch dann zwei quadratische Weithalsflaschen à 1/2 l Inhalt. Sie müssen locker in die Feldtasche passen und sollen alles aufnehmen, was nicht naß werden darf.

Was hingegen Feuchtigkeit verträgt und nicht mehr in die Flaschen paßt (Perlonband...), könnt ihr mühelos dazwischenstopfen. Natürlich beschriftet ihr sowohl die Tasche (mit Namen und Anschrift) als auch die Flaschendeckel. Dann wißt ihr sofort, wo »Medizin« und wo »Sonstiges« verstaut sind.

Folgende Dinge könnten im Überlebensgürtel Platz finden:

1. Notizpapier
2. Kugelschreibermine oder Bleistift
3. Skalpell oder Rasierklinge
4. Schere
5. 10 m Perlonband, 2 mm ∅
6. Zwei-Komponenten-Kleber
7. Angel, Reservehaken
8. Blumendraht
9. Metallnieten

10. Sicherheitsnadel
11. Nadel, Faden
12. Foto eines lieben Menschen – als Trost, Aufputscher, Kontaktmittel
13. Mundharmonika
14. Kompaß
15. Pinzette
16. Minidosenöffner
17. Minitaschenlampe mit Morsetabelle im Batterienfach
18. Teelicht
19. Ausweis
20. Dreieckstuch
21. Gasfeuerzeug
22. Landkartenausschnitt
23. Pflaster, Mullbinde
24. Schmerztabletten
25. Korken zum Anrußen und Tarnen
26. 2 Präservative (gegen Aids, als Schwimmhilfe und als Notbehälter für Trinkwasser), geschützt durch Perlonbeutel
    (Tip: Wer Wasser ohne den Druck der Wasserleitung in die Kondome füllen will, muß sie vorher durch Aufblasen entspannen)
27. 2 Perlonbeutel für obengenannte Hilfsmittel
28. faltbare 1-l-Trinkflasche
29. Karabiner
30. Adressenliste der Teilnehmer, Notgroschen und Markstücke zum Telefonieren

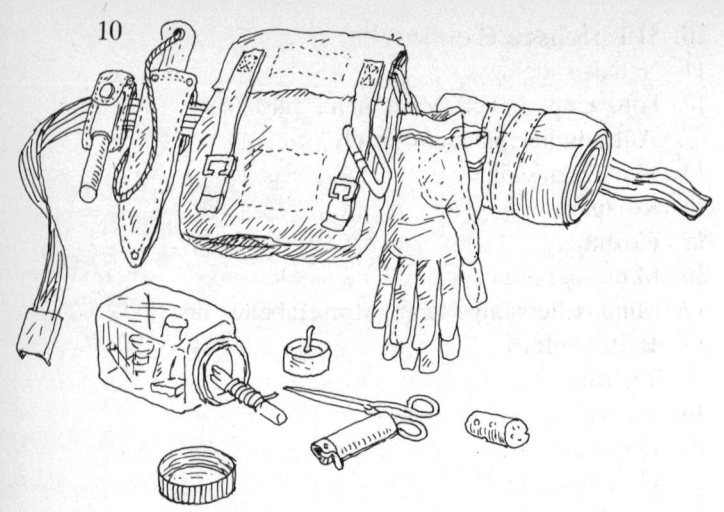

An den Überlebensgürtel gehört auch das Messer. Nach wie vor empfehle ich euch aus Preisgründen das österreichische Bundesheermesser, das knappe DM 50,– kostet.
Und schließlich gehören noch die Zeltfolie an den Gürtel (übernächstes Kapitel) und ein Paar Handschuhe.
Damit habt ihr ein Marschgepäck von 2 kg Gewicht (Zeichnung Nr. 10), mit dem ihr ganz Europa erwandern könntet, sofern ihr diesen ersten Survival-Selbstkursus hinter euch gebracht habt.

18. Die sichere Geldtasche

Auch die könnte man kaufen: als Gürtel mit Innentasche, als sogenannte »Geldkatze«, einen dünnen Lendengürtel mit mehreren Fächern, als Gelenkbörse, die man am Hand- oder Fußgelenk trägt oder, ganz einfach, als kleine Tasche. Und die könnte man sich schnell selbst nähen (lassen). Statt vieler Worte erklären es sicherlich Marian Kamenskys kleine Zeichnungen. (Nr. 11)

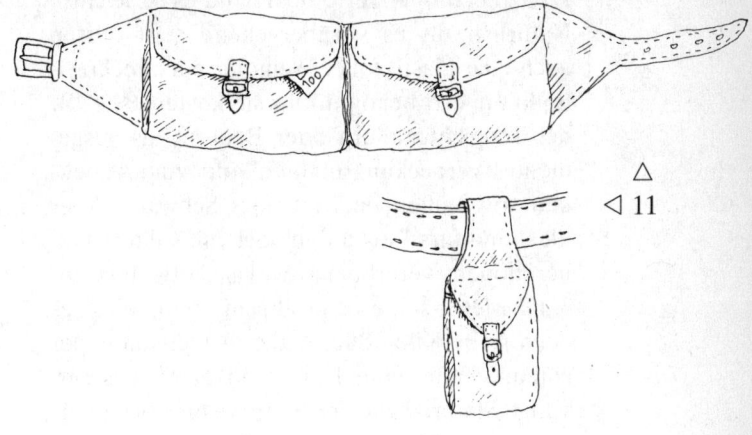

◁ 11

19. Das Zeltdach (= Regendach)

Ein Blitzzelt, zwar klein, aber stets zur Hand, ist das Poncho-Zelt. Weil ihr einen Poncho immer dabeihabt. Jedenfalls in unseren windigen und regnerischen Breiten.

In warmen Zonen, vor allem den regnerischen – oder wenn man ein wenig mehr Komfort wünscht –, empfiehlt sich der Luxus eines Zelttuches. Das derzeit optimale Material heißt polyurethanbeschichtetes Polyester. Es ist weder kreuz noch quer zerreißbar, und es ist leicht.

Natürlich tut es vorübergehend statt dessen auch eine Plastikfolie. Wenn ihr euch rechtzeitig kümmert, bekommt ihr sie kostenlos, z. B. bei Teppichhändlern oder Bauern, als ausgedientes Verpackungsmaterial oder zum Abdecken von Rüben, in Klar oder Schwarz. Aber ideal und fürs Leben und noch auf weitere Generationen vererbbar ist das Polyestertuch. 3 x 3 Meter sollte es groß sein, dann wiegt es noch kein Kilo. Säumt die Außenkante per Nähmaschine einmal ein, und damit das rutschige Material von der Nähmaschine besser erfaßt werden kann, legt einen Bogen Zeitungspapier unter. Näht dann gleich an allen vier Ecken eine Kunststofföse an und an den Seitenkanten je zwei. Und zwar aus dem unzerstörbaren Material wie der Spannriemen am Tragekanister. An all diesen Schlaufen werden ca. drei Meter lange Perlonseile (2 mm ∅) befestigt, mit denen das Zeltdach beliebig zwischen Bäume oder wie

ein Zelt auf einem oder mehreren Stöcken ausgespannt werden kann. Als »Tarps« gibt es diese Tücher auch fertig im Handel.
Wer nicht nähen kann, pfui-schäm, und niemanden kennt, der jemanden kennt, der nähen könnt', seufz, behelfe sich in der Weise, daß er die drei Meter langen Perlonseile direkt an das Tuch bindet. Damit sie nicht abrutschen, gibt man ins Tuch einen murmelgroßen Kieselstein. (Zeichnung Nr. 12)
Dort, wo die Perlonseile mit dem Tuch verbunden sind, bindet man auch je ein Schnürband an. Ein Schnürband deshalb, weil es sich besser zur Schleife binden läßt als das Perlonseil. Wenn ihr nämlich das Zeltdach einpackt, müßt ihr die vielen Bändel ja zunächst aufwickeln. Und dieses Gewickel wird mit dem Schnürband gesichert. Laßt ihr die Perlonfäden ungebändigt flattern, habt ihr sofort das größte Durcheinander, wie eine verhedderte Angel oder Darmverschlingung. Und ihr habt schlechte Laune, und das wollen wir ja vermeiden.
Beim Spannen des selbstgebastelten Zeltdaches ist darauf zu achten, daß weder Wind noch Regen an euch rankommen. Viel mehr hält auch ein normales, teures Zelt nicht von euch ab. Die Wärme verschaffen die (sehr wichtige) Isoliermatte und der Schlafsack. Die Iso-Matte verhindert, daß der Boden euch die Körperwärme abzieht, und der Schlafsack – na ja, das ist ja klar...

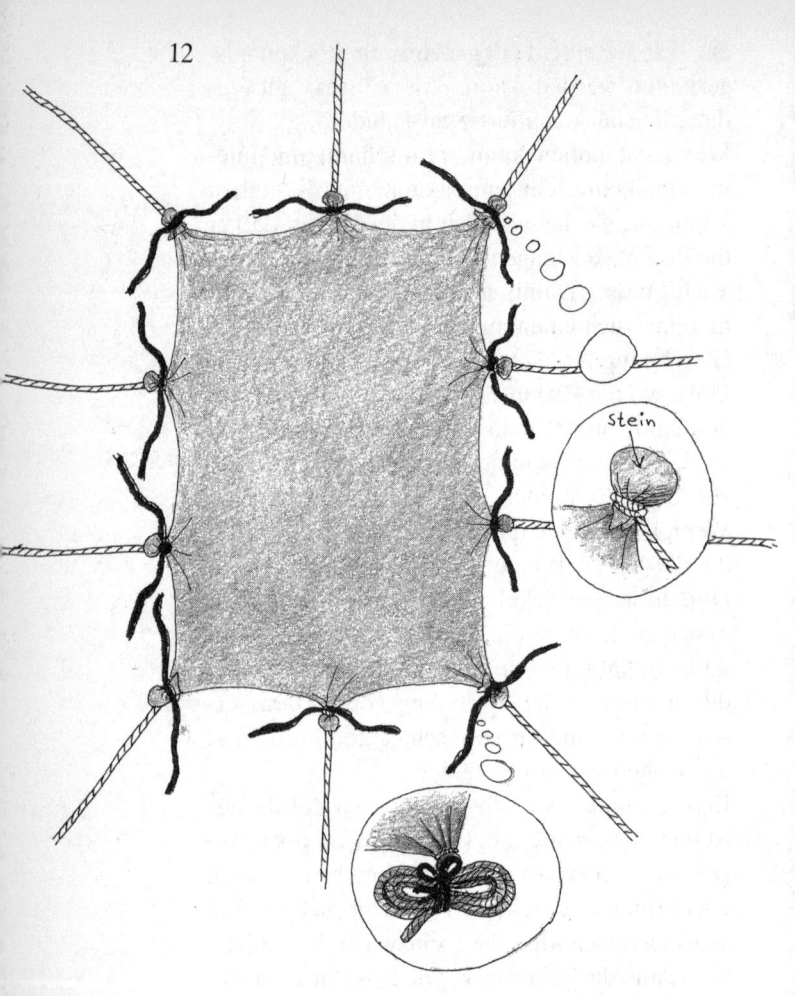

20. Der Erste-Hilfe-Pack

Neben den rein persönlichen Medikamenten, die ihr im Überlebensgürtel habt, sollte das Projektteam ein *gemeinsames* Erste-Hilfe-Paket mitnehmen.
Es wird täglich abwechselnd von einem der Teilnehmer getragen und ist immer bei der Gruppe.
Es sollte sauber verpackt und gekennzeichnet und schnell greifbar sein. Jeder muß wissen, wo es sich befindet.
Es sollte folgenden Inhalt haben:

- Material zum Schienen
- reichlich Mullbinden
- Rolle Isolierband (Lassoband) oder Leukoplast
- Staubinde
- 2 Dreieckstücher
- Brandpflaster
- Vaseline
- Hansaplast
- Kaliumpermanganat
- Glycerin (gegen spröde Haut und für einen Feuertrick)
- Erste-Hilfe-Anleitung

21. Die Feuerdose

Klar, ihr benutzt letztlich ein Gasfeuerzeug, um euer Feuer anzuzünden. Aber im Notfall sollte man auch auf verschiedene andere Arten Feuer machen können. Deswegen sammelt rechtzeitig Zunder und Zündmaterial. Den Zunder packt in eine Blechdose (Zigarillodose, Filmdose...), das Zündmaterial vielleicht zün(d)ftig in einen Lederbeutel.
Im Verlaufe der Actionwoche lernen wir dann, es zu handhaben.

Als Zunder dienen:

- Bleistift und Anspitzer für feinste Holzspäne
- Flugsamen von Disteln, Löwenzahn, Pappeln, Schilfkolben
- abblätternde Haut von Birkenstämmen
- angesengter Baumwollstoff
- Feuerschwamm von Buchen (nicht den von Birken)*
- Baumwollwatte
- verkohlte, zerbröselte Holzreste vom letzten Feuer
- Zeitungspapierschnipsel
- Baumharz

* Als Zunder ist nur die filzartige weiße Schicht brauchbar, die zwischen dem dicken unteren Röhrenpaket und der oberen harten Rinde sitzt. Diese Schicht wird herausgeschnitten, wie ein Schwamm gewaschen, getrocknet und weichgeklopft. Eine Riesenarbeit, aber ganz schön historisch.

- Extraröhrchen voll Zigarettenasche
- Baumwollverbandmull, angesengt, behutsam ausgeblasen und mit dem verkohlten Teil voran in eine leere Schrotpatronenhülse oder ähnliches gesteckt.

Die Hülse hat eine doppelte Aufgabe. Zum einen erstickt sie eventuelle Restfunken, zum anderen schützt sie die filigranen verkohlten Spitzen des Mulls. Sie müssen unbedingt *unberührt* erhalten bleiben, also nicht anfassen.
In den Lederbeutel gebt ihr nun das robustere Zündmaterial. Das sollte ein Markasit-Stein sein (im Mineralhandel). Normalerweise ist er mehr oder weniger knollenartig, eiförmig bis rund. Mit kräftigem Schlag per Kieselstein auf die Längsseite zerfällt er in zwei Hälften. Falls ihr unsicher seid, laßt es euch vom Fachhändler machen. Hebt beide Hälften gut auf. Ferner benötigt ihr ein primitives Taschenmesser mit Eisenklinge.
Und ihr braucht einen Flint- oder Feuerstein. In Norddeutschland liegen sie an jedem Weg. Im übrigen Deutschland kauft sie euch im besagten Mineralienhandel.
Dieses Sammelsurium von Zunder und Zündern beschafft man sich rechtzeitig. Auch die alten (und jungen) Germanen haben sich das nicht erst besorgt, wenn ihnen der Hintern abfror und sie sich ein Feuer machen wollten, sondern schon vorher. Den Distelsamen im August/September, die Steine auf den Wanderungen oder im Tauschverfahren...

Was ihr außerdem braucht, ist *trockenes* Stroh, trockenes Schilf, Papier oder dergleichen. Was schlecht bis gar nicht funktioniert, ist Heu. Es ist allenfalls zum Heu-len, denn es qualmt meist nur.

22. Der Schlafsack

Wer sparen muß und sich einen guten Schlafsack noch nicht leisten (oder leihen) kann, kann sich einen improvisieren. Und zwar einen (wie bereits im »Let's fetz«-Buch beschrieben) aus Mehlsäcken, die ihr gratis beim Bäcker bekommen könnt. Man staubt sie gut aus und koppelt zwei oder drei hintereinander. Diese Säcke wärmen, weil Papier ohnehin ein gutes Isoliermittel ist und weil sie aus mehreren Schichten bestehen, zwischen denen sich Luft befindet. Und Luft ist ebenfalls ein ausgezeichneter Isolator. (Laßt euch keinen *Zucker*sack aufschwatzen, der klebt wie ein Zwei-Komponenten-Kleber.)

Die Wärmewirkung ist aber erst optimal, wenn ihr auf einer Isoliermatte schlaft und eine Mütze aufsetzt. Diesen Hut nehmt ihr nur ab, wenn es heißt »Hut ab vor dieser Idee«. Danke.

23. Die Kletterleiter

13 a ▷

Wer schnell eine Leiter improvisieren muß, kann dies ganz einfach tun, indem er zwei parallele Seile alle 60 cm verknotet. Doch in solcher Leiter kann man schlecht stehen. Sie ist zu empfehlen, wenn man *schnell* eine hohe Mauer hinauf muß, auf der man sie mittels Wurfanker befestigt. (Zeichnung Nr. 13 a)

Hat man mehr Zeit zur Verfügung und ein paar solide, besenstielstarke Äste zur Hand, ist es um vieles bequemer, damit eine Strickleiter zu bauen. Die einzelnen Aststufen werden per Prusikknoten befestigt. Sie sind nach Gebrauch genauso schnell gelöst wie vorher montiert. (Zeichnung Nr. 13 b)

Für unser Training brauchen wir zwei kurze Strickleitern, sogenannte Fifis. Sie sind für den Dauergebrauch bestimmt, also wieder etwas fürs Leben. Es gibt sie fertig zu kaufen im Globetrotter-Handel, oder ihr bastelt sie euch, dann werden sie billiger. Ihr kauft 2 x 5 Meter Reepschnur von 3 mm Durchmesser und acht Aluminiumstufen sowie zwei Fifi-Haken. Statt der Alustufen tun es auch Besenstielstücke von 20 cm Länge. Sie werden an beiden Enden – 3 cm von der Schnittkante entfernt – mit einer 3-mm-Bohrung versehen. Bei den Alustufen ist die Bohrung bereits vorhanden.

Um einen Fifi zu basteln, zieht ihr zunächst den Fifi-Haken auf die fünf Meter lange Reepschnur, genau bis zur Mitte. Dann faßt ihr die

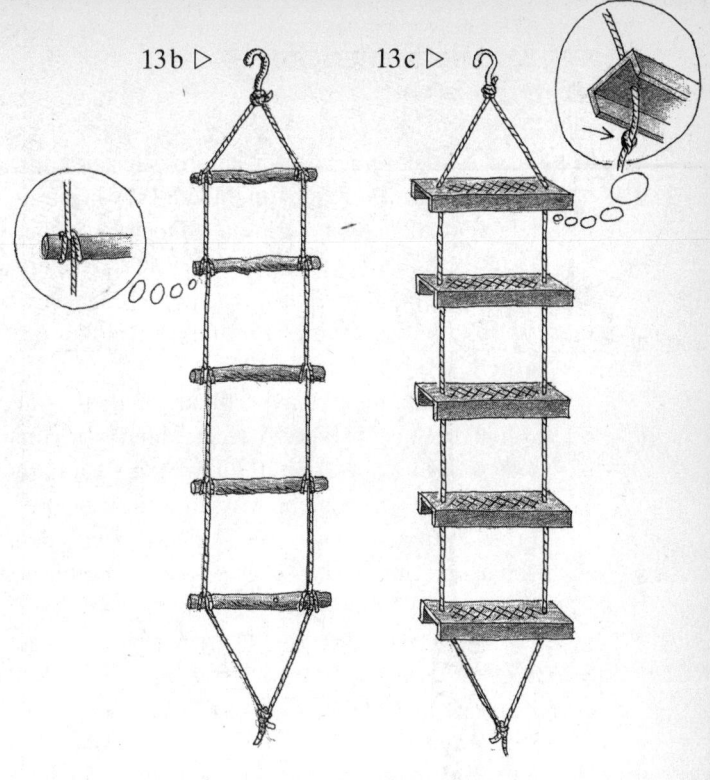

beiden vom Haken herunterhängenden Seile mit einer Hand und schlägt einen einfachen Knoten hinein. (Zeichnung Nr. 13 c) Nun wird die erste Stufe aufgezogen, je eine der herunterhängenden Reepschnüre durch ein Stufenloch. Sie wird bis auf 40 cm an den oberen Knoten geschoben und erhält unter der Stufe ebenfalls einen einfachen Knoten. So könnte sie zwar nach oben rutschen, aber nicht mehr nach unten. Am besten, ihr klinkt den Fifi-Haken nebst Seilen irgendwo ein, damit ihr die Stufen

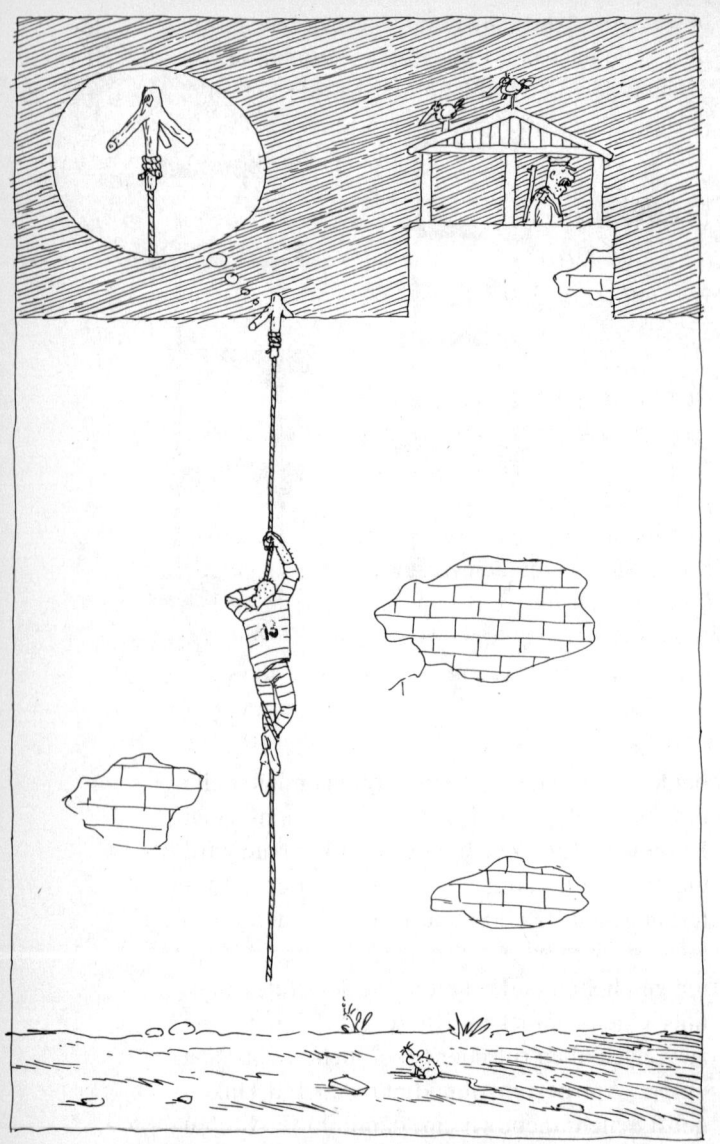

besser vor Augen habt und waagerecht montiert. Die nächsten drei Stufen kommen je ca. 35 cm tiefer. Die zuletzt unter der vierten Stufe herunterhängenden Reepschnurenden werden wieder mit ½ Schlag verknotet und bilden so noch eine fünfte Stufe.

Wurfanker für Mauern

Anmerkung von »Sir Vival«: Diese Knastmauer ist frei erfunden. (Zeichnung Nr. 14) Jegliche Ähnlichkeit mit bundesrepublikanischen Gefängnissen wäre rein zufällig, da in diesem unserem Lande nur gerechte Urteile gefällt werden und niemand einen Grund zum Ausbruch hat. Sollte die Mauer dennoch existieren, lege ich Wert darauf festzustellen, daß der Sträfling Nr. 13 nicht aus der Haft entkommt, sondern verspätet, aber freiwillig vom Hafturlaub zurückkehrt. Einen weiteren einfachen Wurfanker, der sich für Bäume oder kräftige Büsche eignet, zeigt die nächste Zeichnung. (Nr. 15)

◁ 14

15

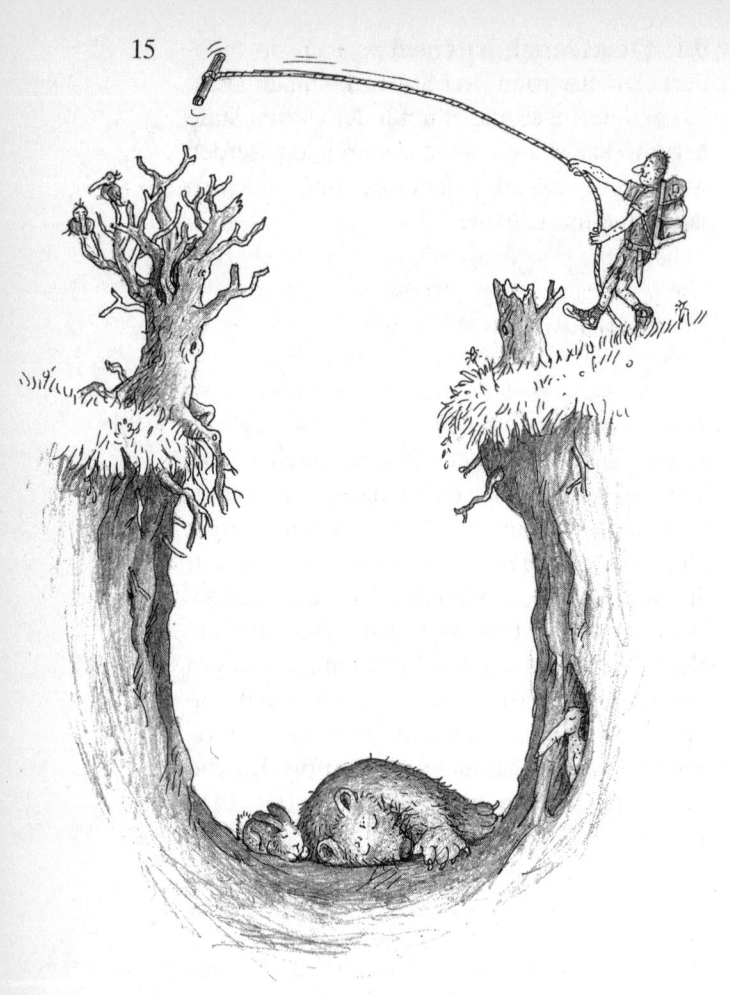

24. Der Ganzkörpergurt

Für unsere Übungen genügt es, ihn auszuleihen. Vielleicht kennt ihr jemanden, der Bergsteiger ist und der ihn für fünf Tage entbehren kann. Falls ihr die Übungen auch *nach* der Projektwoche weitermachen wollt, ist zu überlegen, ob man sich einen kauft. Leider sind sie teuer, aber sie sind stabil und verstellbar und angenehm bei Dauerbelastung.

Für unsere Übungen in geringer Höhe, bei Aufsicht, Sicherung und Kurzbelastung, genügt der selbstgebastelte Gurt. Wie Eichhörnchen Wolle von Robin Wood ihn sich für Schornsteinbesteigungen bastelt.

Ihr besorgt euch 5 cm breite Kunststoffriemen. Wie die vom Sicherheitsgurt im Auto. Im Globetrotterhandel gibt's das als Meterware. Für den Sitzgurt benötigt ihr ein Fünf-Meter-Stück, das wie auf der folgenden Zeichnung (Nr. 16) gebunden wird.

Der Brustgurt ist ein nur zwei Meter langes Gurtband oder Seil. Die Enden werden zusammengeknotet und zu einer 8 gelegt. Man geht mit den Armen durch je eine der beiden Schlingen dieser 8 und legt den Kreuzungspunkt in den Nacken. Ein Karabiner verbindet schließlich Sitz- und Brustgurt zu einer Einheit.

Und wo ihr einmal dabei seid, macht euch auch gleich die beiden Expreßschlingen selbst. Sie müssen zuletzt aussehen wie jene Strickleiter auf der Zeichnung Nr. 13 a. In diesem Falle aber

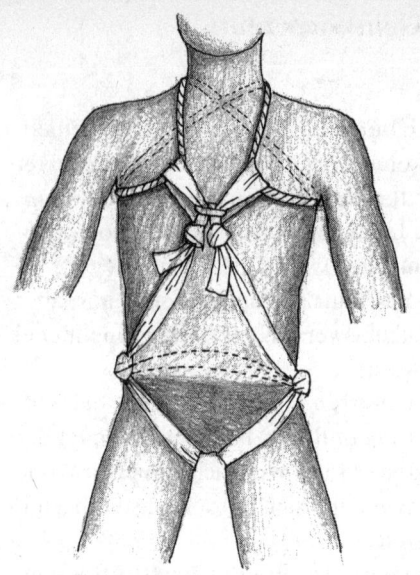

16

ohne den Fifi-Haken. Das eine Ende dieser zwei Expreßschlingen wird beim Klettern am Brustgurt befestigt und das andere an je einem Haken in der Wand. So ist man gegen Absturz doppelt gesichert, und mit Hilfe der Knoten kann man sich nach Bedarf nah an die Wand binden oder mehr Spielraum lassen.

25. Der Kleinkram

Was uns jetzt noch zu unserem Glück fehlt, sind allenfalls Kleinigkeiten. Es sind Gebrauchsgegenstände, die nicht unbedingt nötig sind, die aber das Survivor-Leben angenehmer gestalten, wenn man sie hat. Man könnte sie bei Muttern gratis entleihen oder für wenig Geld erwerben. Wenn wir sie dennoch basteln, dann deshalb, um die Vorfreude zu erhöhen und euch zu zeigen, was man im Notfall doch alles improvisieren und mit wie wenig Gerät man reisen kann, und um euch mit Bastlerstolz zu erfüllen. Wenn es euch gut und zünftig gelingt, sind das Dinge, auf die ihr mehr aufpassen werdet als auf gekaufte. Wahrscheinlich werdet ihr sie sogar lebenslänglich an der Wand hängen haben oder in der Wohnzimmervitrine ausstellen. Neben Großmutters Sammeltassen (Achtung: Eintrittsgeld erheben!). Tut mir (und euch) dann aber wenigstens den Gefallen, euren Kindern den Spruch zu ersparen »Ja, *wir* früher...«, denn der ist schon zu abgedroschen.

Also: Löffel, Kellen, Trinkgefäße aus Holz, Knochen, Kokosnußschale, Kuhhorn (vom Schlachter; gut auskochen!), Dose, Bambusrohr. Zum Pfannkuchenwenden ein einfaches, flaches Holz, eine hauchdünne Latte, vorn abgeflacht, 5 x 30 cm groß – der Pfannkuchenspachtel. Der große Suppenquirl aus dem oberen Teil eures Weihnachtsbaumes, weil besonders Tannen (und Kiefern) ihre Äste sternförmig vom Stamm austreiben. Als Teller genügt ein Brett mit ausgearbeiteter Mulde. Es kann durchaus viereckig sein. Denn warum muß ein Teller rund sein? (Das wäre überhaupt 'n tolles Aufsatzthema.) Die Kartoffelreibe aus einer alten Konservendose. Ihr schneidet sie von oben nach unten auf. Dann drückt ihr die Rundung heraus, bis ihr ein rechteckiges Stück Blech habt. Das legt ihr auf ein Brett und schlagt nun mit einem kräftigen Nagel reihenweise Löcher durchs Blech. Dabei wölbt es sich wieder. Diese Wölbung nicht mehr wegdrücken, sie muß bleiben, denn sie verleiht der Reibe die nötige Stabilität. Laßt sie gleich auf dem Brett liegen, nagelt längsseits je eine Latte (oder klinkt die Längsseiten in eine Brettkerbe), und die Reibe ist (fast) unverwüstlich.

Solches Haushaltsgerät ist nicht nur unentbehrlich für Kartoffelpuffer, sondern auch gut gegen Juckreiz. *Kratz not least* ist sie das ideale Sitzkissen für angehende Fakire.

26. Letzte Erledigungen

Wenn ihr gute Organisatoren seid, dürfte dem Projektbeginn nichts mehr im Wege stehen. Ihr habt den »Rettungsschwimmer« gemacht, den Erste-Hilfe-Kurs absolviert und laut Checkliste alles besorgt, was vorgesehen war.
Vielleicht ist noch der Feuerrost zu beschaffen. Da genügt ein stabiles Drahtgitter (Betongeflecht) vom Schrotthändler, etwa 60 x 60 cm. Oder ihr habt Probleme mit der Bergsteigerausrüstung, zum Beispiel mit dem Kernmantelseil. Es zu kaufen, ist für diese Übungswoche zu teuer. Also versucht, es euch zu leihen oder ein gebrauchtes zu erwerben (Bergsteigervereine, Mitarbeiter der Globetrotterhändler, Inserat...).
Notfalls reduzieren wir die Kletterübung auf das Erlernen einiger Grundfertigkeiten. Dann genügt ein 20 m langes, 10 mm dickes Kunststoffseil von der Rolle (Bootsausrüster, Seilläden...). Achtet darauf, daß es nicht steif ist, sondern leicht fällt.
Den Dübelsetzer (Globetrotter-Ausrüstungskatalog Nr. SA 72.011), einen Fichtelhaken (Nr. CI 72.632) und die Bohrhaken (Nr. SA 72.001) sowie die Abseilrolle (Nr. KB 72.201) solltet ihr euch auf jeden Fall gönnen. Denn damit erlernen wir die Grundbegriffe des Bergsteigens.
So früh wie möglich ist daran zu denken, ein totes Tier von der Straße einzusammeln und im

Froster (*Tief*kühlfach des Kühlschranks) aufzubewahren. Ihr braucht es später für die Übungen »Wunde vernähen« und »Schlachten«. Zwei Dinge sollten hierbei totale Ehrensache sein:

1. Es wird deswegen nicht extra ein Tier getötet.
2. Es werden keine *jagdbaren* Tiere (Kaninchen, Hasen, Rehe...) von Landstraßen gesammelt (das wäre Wilderei!). Wohl aber könnt ihr sie von den Straßen in den Städten nehmen.

Solltet ihr kein Tier gefunden haben, müßt ihr ein Wildkaninchen im Wildbretladen kaufen.

Bliebe also nur noch der kurze, aber herzliche Abschied von den Lieben und das damit verbundene Ertragen der Standardsprüche wie

– Mach's gut!
– Mach mir keine Dummheiten!
– Paß gut auf!
– Sei vorsichtig!
– Ruf mal an!
– Schreib mal!

Wollt ihr dem etwas ganz Unvergeßliches entgegensetzen, dann drückt den so Hinterbliebenen einen Umschlag in die Hand. Aufschrift »Mein Testament«.
Nee, die Idee war nix, lieber 'n Blumenstrauß.

V. Die Woche

27. Die täglichen Wiederholungen

Bevor wir zum ersten Tag und den eigentlichen Übungen kommen, sollten wir vorher die täglichen Wiederholungen besprechen.
Dazu zählt der Frühsport. Ihr steht alle gleichzeitig um 6 Uhr auf, wascht euch flüchtig, aber erfrischend das Gesicht, klettert in das T-Shirt, die Turnhose und -schuhe und...
Hier ist der *Vorschlag von Kampfsporttrainer Thorsten Jungholt* aus Dillenburg-Oberscheld:

Frühsport vor dem Frühstück? Ja, aber mit Maß und Ziel, d. h., sich nicht frühmorgens schon total verausgaben, sondern den Körper langsam auf »Betriebstemperatur« bringen und sich den ganzen Tag wohl fühlen. Dazu ist es wichtig, daß alle gymnastischen Übungen und Bewegungen nicht ruckartig, sondern langsam ausgeführt werden.
Beginnen wollen wir mit einem lockeren Lauf von ca. zehn Minuten. Anschließend bringen wir das Herz-Kreislauf-System ein wenig auf Trab. Alle Übungen ohne Pause durchführen, ca. zehn Wiederholungen pro Übung.

1. Laufen auf der Stelle, dabei
2. Knie abwechselnd bis zur Brust

3. Fersen zum Gesäß
4. Hüpfen auf dem rechten (linken) Bein
5. Hüpfen auf beiden Beinen gleichzeitig und Knie zur Brust ziehen
6. Traben auf der Stelle. Dann *leichte* Aufwärmgymnastik (zehn Wiederholungen pro Übung)
   - Armkreisen vorwärts – rückwärts
   - Kreisen mit dem Oberkörper
   - Hüftkreisen
   - Beine geschlossen, mit den Händen zu den Fußspitzen federn
   - Beine schulterbreit auseinander und Oberkörper nach links und nach rechts drehen
   - Beine weit auseinander
     Kopf zum linken – rechten Knie sowie zur Mitte ziehen

Nun noch einige Übungen zur Kräftigung der Muskulatur, z.B. Liegestütz in verschiedenen Formen (je zehnmal)
   - auf den Fäusten
   - Hände übereinander
   - Fingerspitzen gegeneinander
   - Fingerspitzen nach außen
   - auf Handrücken
   - auf 10, 8, 6, 4, 2 Fingern (Finger gestreckt)
   - mit Handklatschen
   - einarmig
   - Kniebeugen
   - auch einbeinig

- Rückenlage, Oberkörper und Beine gleichzeitig nach oben schnellen
- Rückenlage, Oberkörper und Beine ca. 10 cm über den Boden halten (1 Minute)
- auf Boden setzen, Beine heben und senken
- auf Boden setzen und mit den Beinen (ohne abzusetzen) Zahlen von 1 bis ... in die Luft schreiben.

Anschließend lockern, ca. 2–3 Minuten locker laufen, dann ca. fünf Minuten Tempoverschärfung, fünf Minuten auslaufen.
Für einen guten Start in den Tag ist bei diesen oder leicht abgewandelten Übungen bestens gesorgt.

Wenn ihr alles richtig gemacht habt – oder doch wenigstens teilweise –, seid ihr nun schön durchgeschwitzt. Wie wär's mit einem Bad im See? Wer Herzprobleme hat, kühlt sich vorher ab. Das muß jeder selbst wissen. Aber ansonsten: hinein ins Wasser wie von der Sauna in den Schnee.
Wichtig ist vor allem, die Vorsichtsregeln zu beachten:
- keine Kopfsprünge in unbekannte Gewässer
- am Meer die Gezeiten beachten
- überall die Strömungen einkalkulieren
- möglichst *gemeinsam* baden gehen.

Nach diesem 30- bis 60minütigen Sportauftakt habt ihr euch das Frühstück redlich verdient.

Dazu sollte auch ein Becher Milch gehören. Wenn ihr bei einem »richtigen« Bauern untergekommen seid, werdet ihr sie euch selbst melken dürfen. Die Melkzeiten sind wahrscheinlich am frühen Morgen und frühen Abend. Wie der Melkvorgang abläuft, brauche ich hier nicht zu erzählen, weil euch der Bauer das besser erklären kann.

Eine weitere, täglich wiederkehrende Pflicht sollte der allabendliche Anruf daheim sein. Während das Abendbrot zubereitet wird, flitzt ein Melder zur nächsten Telefonzelle und informiert seine Eltern. Die haben die Telefonliste der übrigen Eltern neben dem Telefon und geben die Meldung in vorher festgelegter Reihenfolge weiter.

Das schließlich letzte, täglich wiederkehrende Ritual ist die Aussprache am Lagerfeuer bei Tee und Musik, die Ausführung von Reparaturen, die Vorbereitung des Frühstücks und die Eintragungen ins Tagebuch. Laßt jede zweite Seite für Fotos frei. Möge so euer erstes Buch entstehen, von bleibendem Wert, wie die Erfahrungen dieser Projektwoche.

Der erste Tag

28. Die Reportage

Eine richtige Reportage zu machen, auf die alle Medien scharf sind, ist für den Laien gar nicht so leicht. Da meint man, wunder was erlebt zu haben, tolle Fotos zu besitzen – und die Redakteure sitzen gähnend um dich herum, unterhalten sich, trinken Kaffee und begreifen gar nicht, was du ihnen da Wahnsinniges berichtest. Ahnen nicht, was ihnen entgeht, wenn sie dermaßen unaufmerksam sind, wissen nicht, wie sie ihrem Verlag schaden. Ich habe das mehrfach erlebt. Drei Beispiele mögen euch trösten und euch zeigen, daß durch den Schaden die Erfahrung wächst. Eine Episode zum Thema Film, eine zum Thema Fotos, eine zum Thema Buch.
Michael Teichmann, mein Freund und Kameramann während der Reisen zum Blauen Nil in Äthiopien, war ganz aufgeregt. Er hatte einen Termin beim ZDF bekommen. Irgendeine Redaktion wollte sein Material ansehen. Er hatte sich richtig fein gemacht. So einen auf »lieber, artiger Junge«, mit Hemd, Krawatte, gesprenkelter Jacke, Kombihose – alles lässig, aber gepflegt. Einen auf Filmernachwuchs, der auf die große Chance seines Lebens wartet.

Michael hatte sein fünfstündiges Gesamtmaterial auf zwei Stunden grob zusammengeschnitten. Er hielt es für wenig, aber es war schon mal um über eine Stunde zu lang. Denn daß man Füllmaterial besitzt – gehende Füße, Schwenks durch die Landschaft, Pflanzen im sanften Abendwind –, ist jedem Profigucker klar. Es interessiert ihn, was an echtem Actionmaterial vorhanden ist. Und genau das hatte Michael, um die Betrachter neugierig zu machen und Spannung zu erzeugen, zum Schluß eingebaut. Er hielt das für richtig professionell und fiel dann voll auf den Bauch.

Drei Herren waren erschienen. Nach der auffallend herzlichen Begrüßung – »Sie sind der Dingsda aus ... von-wo-kamen-Sie-doch-noch?« – plumpsten die etwas Überernährten auf die Drehstühle.

Michael drückte den Startknopf, schaute fasziniert auf seine eigenen Filmszenen und kommentierte sie, wenn es ihm nötig erschien. Es schien ihm häufig nötig zu sein, denn manchmal war der Film schneller als seine Worte. Das irritierte ihn jedoch nicht. Er löste das Problem per Stoppknopf oder gar per Rücklauf. Er versicherte mehrfach, natürlich noch reichlich Material zu Hause zu haben und hoffte, die »Gucker-Jungs« würden ihn ehrfürchtig anhimmeln. Statt dessen spielten sie Karussell mit ihren Drehstühlen, einer holte Kaffee aus der Kantine und verkündete laut bei seiner Rückkehr, daß es schon wieder Fisch mit Petersilienkartoffeln zu Mittag gäbe. Daraufhin waren alle em-

pört, schon wieder Fisch, und beschlossen, gemeinsam auswärts essen zu gehen.
Kaum einer schaute zur Leinwand. Statt dessen Fragen à la: »Wieviel kommt da noch?«, »Sind Sie bald durch?« und »Ich vermisse Naheinstellungen«.
Die Vorstellung war ein voller Flop. Aber mir ging es einmal ähnlich beim Stern. »Foto-Gott« Gillhausen hatte mir einen Termin gegeben. »Zweihundert Dias als Querschnitt sollten Sie schon mindestens mitbringen.«
Das tat ich gern. Ich hatte sie alle auf seinem Leuchttisch ausgelegt und mich auf eine Stunde Diskussion eingestellt.
Dann kam der große Chef, nickte einen Guten-Morgen-Gruß in den Raum, ging einmal am Tisch entlang, und sein Urteil war gefällt. »Ihre Erlebnisse mögen ja ganz interessant gewesen sein, aber das sieht man den Fotos nicht an.« Meinerseits trat Sprachlosigkeit ein. Daraufhin gewährte er mir 60 weitere Sekunden seiner kostbaren Zeit: »Hier zum Beispiel«, sagte er, »das Bild ist schlecht durchkomponiert: solch ein schönes Lagerfeuer, aber kaum etwas an typischen Requisiten: Wo sind der Topf, die Axt, das Gewehr...?« Er wollte nicht etwa eine Antwort hören, sondern hatte bereits das nächste Bild willkürlich herausgegriffen: »Hier hätte im Vordergrund das Wildwasser besser rauskommen müssen.« Ich wagte einen Einwand. »Das ging nicht. Dann hätten wir weiter in den Fluß hineinmüssen, und dort hätten uns die Krokodile voll erwischt...« Da kam Leben in Gillhau-

sen. Das war sein Stichwort. Ohne eine Sekunde zu überlegen, riß er die Arme hoch: »Ja, genau, und das Bild ist es, was ich hier vermisse.«
So lernten wir von Rausschmiß zu Rausschmiß dazu. Nur wenige Menschen werden gleich als Genies geboren. Wir, ich, gehören nicht dazu.
Mit meinem ersten Buch erging es mir nicht anders. Nachdem ich meine erste Reise zum Blauen Nil beendet hatte, rieten mir Wohlwollende von allen Seiten: »Mensch, du mußt ein Buch schreiben.« Sie rieten mir so lange zu, bis ich derselben Meinung war und anfing, zu schreiben.
Fleißig hockte ich denkend und schreibend da. Stunde um Stunde. Woche um Woche. Dann endlich war das Manuskript fertig, 300 Seiten. Ich fand es eine runde Sache. Stolz schickte ich es an einen für solche Art von Büchern typischen Verlag. Natürlich hatte ich vorsichtshalber zwei Kopien gemacht.
Als die Antwort auf sich warten ließ, versandte ich auch die zwei Kopien. Vorsichts- und höflichkeitshalber gleich mit Rückporto. Man kennt das ja: »Für unverlangt eingesandte Manuskripte übernimmt der Verlag keine Haftung.«
Schließlich trudelten sämtliche Exemplare wieder bei mir ein. Und alle hatten einen netten Begleitbrief fast identischen Inhalts. So, als wären alle Verlage in ein- und derselben Hand. Diesen Schreiben war zu entnehmen, daß man im Moment voll ausgebucht sei und deshalb kei-

nen Bedarf habe. Man wünsche mir aber das Beste.
Ich war enttäuscht. Da hatte ich schon so viele Bücher gelesen, die weit weniger zu vermelden hatten als meines, und dann diese herbe Enttäuschung.
Ich vertraute mich einem befreundeten Journalisten an: Horst Schüler vom Hamburger Abendblatt. »Das verstehe ich nicht«, meinte er. »Du hast doch wirklich was erlebt, und du kannst auch gut erzählen. Nur – Erzählen und Schreiben sind zweierlei Künste. Wenn es dir nichts ausmacht, gib mir dein Manuskript mal mit. Ich lese es mir durch und kann dir vielleicht morgen schon sagen, woran es liegt.«
Nun – ich hatte begreiflicherweise Hemmungen. Horst Schüler, dem Experten, etwas mitzugeben, was drei renommierte Verlagshäuser für unwürdig befunden und verschmäht hatten. Aber wenn die Arbeit nicht vollends für die Katz gewesen sein sollte, mußte ich es tun. Und so gab ich Horst Schüler das Manuskript mit.
Er brauchte nur wenige Stunden. »Bist du zu Hause«, rief er mich an, »dann komme ich mal schnell rüber.«
Ich war beschämt und aufgeregt, als er endlich eintraf. Ohne lange Umschweife kam er gleich zur Sache.
»Ich glaube, ich weiß, woran es liegt. Du hast den gesamten Reiseverlauf chronologisch wiedergegeben. Bei einem Buch, das vom Erzählen lebt, ist das aber langweilig. Es sei denn, das Spannende wäre zum Schluß passiert. Das ist

bei dir jedoch nicht der Fall. Du erzählst ja bei einem Witz die Pointe auch nicht zuerst.«
Als er es ausgesprochen hatte, war mir völlig klar, daß er recht hatte.
»Das ist nur ein Punkt, der mir aufgefallen ist. Ein anderer ist, daß du infolge der Chronologie immer wieder erzählst, daß das Wasser des Blauen Nil wild oder stehend war, was es jeden Tag zu essen gab...«
»Ich dachte, daß Leute, die das interessiert, Leute, die es nachmachen wollen, es so leichter nachvollziehen könnten«, wagte ich einzuwerfen. Er nickte verständnisvoll. »Für die wäre es gut«, gab er mir recht, »aber wer wird es denn wirklich nachmachen? Die paar werden auch selbst genug Phantasie für einen Speiseplan haben. Aber dem Gros der Leserschaft genügt es durchaus, wenn du das Thema Ernährung in einem Durchgang abhandelst. Und genauso würde ich es mit dem Wildwasser machen, den Menschen, den Tieren...«
Eigentlich ließ er kein gutes Haar an meinem Buch, aber hätte er es nicht ausgesprochen, wüßte ich es vielleicht heute noch nicht besser, und wer hätte euch dann diese Zeilen schreiben sollen?
Ich erfuhr, daß zu jedem Buch ein Vorwort gehöre und daß jedes Kapitel spannend anfangen müßte. »Wenn der Leser nicht mit dem ersten Satz neugierig gemacht wird, schläft er womöglich ein oder legt den Text beiseite.«
Kurz und gut: Wir arbeiteten das Buch gemeinsam vollkommen um und schrieben ein neues

Probekapitel. Und diesmal bissen von fünf Verlagen drei an.

Im Laufe eines längeren Gesprächs holte mein Freund noch viele Episoden aus mir heraus, die ich selbst gar nicht als so berichtenswert erachtete. Wie zum Beispiel diese: »Du hattest mir doch vor eurer Reise von einer alten Dame erzählt, die euch unbedingt einhundert Mark spenden wollte, obwohl sie nur eine kleine Rente bezog«, half er mir auf die Sprünge. »Ja, das war Frau Schröder«, fiel mir wieder ein. Und Horst forschte weiter: »Wenn ich mich recht erinnere, wolltet ihr doch bei ihr als Dank euren ersten Diavortrag halten. Habt ihr das getan?« Natürlich, das hatten wir, jedenfalls wollten wir. Wir standen schon vor ihrer Tür, Projektor und Dias unterm Arm. Wir klingelten und schlurf-schlurf hörten wir Schritte kommen. Dann wurde die Tür einen Spaltbreit geöffnet. Doch die Dame, die öffnete, war nicht Frau Schröder persönlich, es war ihre Mitbewohnerin.

»Guten Tag, wir möchten gern Frau Schröder sprechen«, erklärten wir ihr und freuten uns schon sehr auf deren überraschtes Gesicht. Sie sah uns fragend an und sagte nichts. Fast dachten wir, wir hätten uns in der Türe geirrt. Doch dann gab sie zur Antwort: »Frau Schröder? Die ist doch letzte Woche gestorben.«

Damit euch wenigstens einige solcher Erfahrungen und Enttäuschungen erspart bleiben, hier nun ein paar Tips für angehende Reporter.

Bevor die Übungen beginnen, bereiten sich die Berichterstatter vor. Sie sollten jeden Programmpunkt mit Fotos belegen können. Dabei ist es wichtig, nicht wild drauflos zu knipsen. Das würde auch zu teuer werden. Statt dessen, Reporter, schaut ihr euch die Übung an und überlegt, was im Bild zu sehen sein sollte. Entsprechend komponiert ihr es. Ob ihr die Erste-Hilfe-Tasche als Vordergrund ins Bild rückt oder einen ausgezogenen Schuh, das ist eine Frage der Phantasie. Nehmen wir das im nächsten Kapitel folgende Beinschienen als Beispiel. Dann braucht ihr für den Diavortrag – über die Bildkomposition hinaus – eine kleine Bildsequenz.

Bild 1: der Sturz des Patienten (möglicherweise etwas unscharf)
Bild 2: das schmerzverzerrte Gesicht (mit Wassertropfen als Schweißperlen)
Bild 3: Patient und Helfer und die Stöcke zum Schienen
Bild 4: das Schienen und Umwickeln, wenn es halb fertig ist
Bild 5: das fertiggeschiente Bein
Bild 6: der Patient, auf seine Helfer gestützt
Bild 7: der Patient allein auf Krücken.

Wichtig ist noch, daß jeweils auch die Gesichter der Teilnehmer zu sehen sind. Damit die Gesichtsausdrücke natürlich wirken und nicht gestellt, verrichtet jeder seine Beschäftigung ganz normal, schaut aber dann – auf Kommando –

kurz zur Kamera. Je nach Anlaß und Niveau: ernst, lachend, nachdenklich, traurig, bescheuert, christ- oder sozialdemokratisch, hungrig, survivalmäßig oder überhaupt mäßig.
Wichtig ist ferner, sich eine interessante Perspektive zu wählen. Eine Totale kann vom Baum aus reizvoll sein; für andere Szenen geht man in die Hocke, in die Froschperspektive, oder man holt sich die Szene mit dem Teleobjektiv ran. Wer sich den Reporterjob ausgesucht hat, wird ja eine gewisse Erfahrung mitbringen. Vielleicht hat der eine oder andere sogar eine Art Drehbuch vorbereitet, um in der Hektik mancher Vorgänge nicht die Hälfte zu vergessen. Es kann auch ratsam sein, daß die Berichterstatter jede Übung als erste mitmachen, um durch das eigene Erleben besser zur Motivauswahl zu finden. Wie dem auch sei, hier sind fotohandwerkliches Grundwissen gefragt, Kreativität und Phantasie und schnelle Reaktionen im Falle unvorhergesehener Ereignisse.

29. Schienen der Beine

Aller Anfang ist schwer. Am ersten Tag seid ihr noch zu Hause aufgestanden. Drei Wecker, die innere Aufregung und eure Mutter haben euch aus dem Schlaf gerissen. Nun aber seid ihr vor Ort, am Tatort, per Rad, Bus, Bahn oder zu Fuß, egal.
Beginnen wir also mit dem »Ernstfall«. Ernst ist gefallen, oder Ernestine. Ihr könnt ihn/sie für die Übung auslosen. Wir bilden uns ein, das Schienbein sei gebrochen. Also muß das Bein geschient werden. Der Schlagzeuger kann einen kurzen, harten Schlag auf der Trommel spielen, oder ihr brecht einen Ast zur akustischen Abrundung (für den Videofilm). Schauspieltalente können sich nun stöhnend, schreiend, fluchend, erblassend oder sich heldengleich beherrschend am Boden krümmen.
Eine Person spricht dem Verletzten Trost zu (Kostproben: »Du bist ja noch jung. Das heilt wieder.« Oder – härter – »Jeder muß mal sterben.«). Zwei andere schneiden vier gerade Äste aus dem Gebüsch, je einen Meter lang, Besenstielstärke. Zwei weitere Teilnehmer besorgen sich vier dünnere Äste, kleinfingerdünn, als Anschauungsmaterial. Denn ihr seid ja aufgeschlossene Ersthelfer und erklärt dem Patienten, was ihr mit ihm vorhabt.
Ihr zeigt ihm die gebrochene Stelle des Astes, mit dem ihr beim Unfall den herrlichen Knackton erzeugt habt. »Das ist dein Bein«, sagt ihr,

»und der Bruch ein komplizierter Splitterbruch.«
Der Patient stöhnt, spielt den Verantwortungsbewußten. »O Gott, warum gerade ich? Ich muß doch morgen um acht Uhr in der Schule sein. Wie soll die ohne mich laufen?« Wenn euer Schauspieler zuviel labert, bringt ihn zum Schweigen: »Klappe, sonst wird amputiert.« (Mensch im Hintergrund hackt hintergründig Holz.)
Ihr streckt den gebrochenen Ast und laßt die Holzfasern bestmöglich einrasten, als wäre der Ast das Bein. Einer hält ein Ende fest, der andere richtet den Bruch. Ist das geschehen, werden die vier dünnen Ästchen gleichmäßig (alle 90°) und parallel um den gebrochenen Ast gelegt. Der Bruch ist in der Mitte eurer Ästchen, denn man soll ja über das nächste Gelenk hinweg schienen. Ihr könnt die Äste mit Leukoplast (oder Lassoband) fixieren und dann mit einer Mullbinde umwickeln. *Eine* Mullbinde reicht, weil es nur eine Übung ist und wir Material sparen wollen. Der letzte Zipfel Mull wird per Klammer, Pflaster oder Knoten befestigt. Das solltet ihr im Ersthelferlehrgang mitbekommen haben.
Dann geht's zum Patienten. Auch für ihn nehmt ihr nur die Übungsbinde oder eine Elastikbinde oder andere, gebrauchte Binden, die ihr im Erste-Hilfe-Kursus geschenkt bekommen habt.
Schließlich ist das Bein verpackt wie ein strangulierter Hals – oder hoffentlich besser –, und der Verletzte könnte transportiert werden. Auf

einem Boot, auf den Händen zweier Helfer, auf einem Ring aus Dreiecktüchern oder auf einer Trage. Nach der Übung darf er/sie wieder normal rumlaufen. Was man bei dem/der so unter normal versteht.

30. Die Trage

Die Trage sollte nicht nur für den Augenblick des Trainings gebaut werden, sondern auch noch als Ausstellungsstück herhalten für den späteren Vortrag in der Schule. Deshalb bauen wir sie besonders schön.
Ihr benötigt zwei gerade Äste à 2,20 m Länge und zwei à 70 cm. Alle vier etwa spatenstieldick. (Zeichnung Nr. 17) Folgende Zeichnung zeigt euch, wie diese vier Äste zusammengebunden werden müssen. Dann spannt ihr entweder euer Kernmantelseil dazwischen oder einfachen Bindfaden oder Hemden, Poncho, Regenfolie...
Mit eurem Schlafsack, mit anderer Garderobe oder Laub und Gras läßt sich die Unterlage auch noch polstern. Ist das komfortable Stück fertig, legt ihr den Patienten vorsichtig und wie gelernt darauf.
Nun kommt der schwerste Teil der Übung: den angeknacksten Kameraden fünf Kilometer zu transportieren. Ihr könnt gern mit vier Personen anfassen und werdet dennoch merken, wie schwer das ist. Vor allem in unwegsamem Gelände. Deshalb wechselt euch alle 500 Meter ab

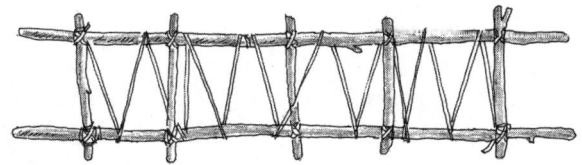

17

und achtet darauf, im Gleichschritt zu gehen. Versucht mal zwei Varianten: das Schultertragen und das Tragen mit nur zwei Personen. In diesem Fall empfiehlt es sich, zur Erleichterung einen Schultergurt anzulegen.

31. Krücken zur Selbstbergung

Wer sich das Bein bricht, hat nicht immer Helfer zur Stelle, oder der Helfer ist zu schwach, um den Verletzten zu transportieren. In solchem Falle müssen Krücken her. Wie euch die folgende Zeichnung (Nr. 18) zeigt, sind diese schnell zu machen. Für längeren Gebrauch müssen sie unter der Achsel gepolstert werden. Jeder von euch sollte einen Kilometer damit gehen, um ein Gefühl für die Zweckmäßigkeit zu entwickeln.

18

32. Camp einrichten und sichern

Ihr bildet euch ein, der Verletzte sei zufriedenstellend versorgt, aber die Zivilisation sei noch weit entfernt. Keinesfalls könnt ihr sie noch in dieser Woche erreichen. Somit werden andere Prioritäten gesetzt. Da wäre z. B. an die Sicherheit der Gruppe zu denken. Bald wird es Nacht, vielleicht regnet es sogar. Also richtet man sein Camp her, wappnet sich gegen Wetterunbilden, sorgt für Wärme, Wasser und Ernährung und organisiert erst dann den Heimweg.
Der Wind- und Regenschutz ist blitzschnell hergestellt, denn dafür habt ihr euer Regendach mit. Es wird mittels der vielen Seile zwischen die Bäume gespannt oder mit Hilfe zweier Stöcke wie ein Zelt aufgestellt. Gegen den Wind läßt man es abfallen, oder man spannt den Poncho als zusätzliche Wand. Die Öffnungen sollten sternförmig zum Lagerfeuer in der Mitte des Camps zeigen, sofern Wind und Camplage es zulassen. Unter das Dach kommt das Gepäck, also die Isoliermatte, der Schlafsack, der Rucksack.
Mindestens zwei Teilnehmer sollten sich eine *natürliche* »Isoliermatte« bauen, und zwar aus altem Laub oder Tannennadeln, aus Gras oder belaubten, dünnen Zweigen.
Damit dieses Matratzenmaterial nicht während des Schlafes auseinanderbrösolt, grabt ihr für *ein* Modell eine Grube von 10 cm Tiefe und den Abmessungen einer Isoliermatte. Den Aushub

arrangiert ihr zu einem Windschutz. Für das *zweite* legt ihr, wenn vorhanden, einen Rahmen aus Baumstämmen. Damit diese nicht fortrollen, pflockt sie fest. In allen Fällen, vor allem bei Regenfällen, sollte um die Schlafstatt ein kleiner Graben mit Ablauf geschaffen werden.
Aus Sicherheitsgründen und überhaupt solltet ihr abwechselnd Nachtwache schieben. Vielleicht liegt das Camp jedoch so sicher, daß ihr euch die Mühe sparen könnt, oder ihr bastelt euch eine Alarmanlage. Für euren Trainingsfall wird sie unnötig sein, aber für den Fall, daß ihr einmal allein durch die Welt zieht, kann ich euch eine ganz simple und wirksame Abschreck- und Warnmethode empfehlen. Zumindest ist dies eine nette Geschichte. Die Idee stammt von Christian Barth aus Hohespeyer. Er schickte mir ein Päckchen. Ich öffnete es – und vier Mausefallen fielen mir entgegen. Mein erster Gedanke: Na, irgend so 'n Witzbold von Kunde, der bei uns Mäuse gesehen hat und nun, ein Witzchen machen möchte. Mehr oder weniger geistreich. Ich entfaltete einen beigefügten Brief und eine große Zeichnung, mindestens DIN-A1-Format. Zu sehen war ein Tannenwald und mittendrin eine Lichtung. Auf der Lichtung ein Zelt, am Zelt ein Mensch, vielleicht auch mehrere. Aber jedenfalls lugten nur zwei Füße hervor.
»Lieber Rüdiger«, so war da im begleitenden Brief zu lesen, »bekomme keinen Schreck, das sind keine Mausefallen für Deine Bäckerei. Was Du da in der Hand hältst, ist die absolut bil-

ligste Alarmanlage der Welt.« Und sowohl der Brief als auch die Zeichnung und die Fallen selbst erklärten, wie diese Alarmanlage funktionierte.

Demzufolge hängt man die Mausefallen in Kniehöhe an einem Ästchen auf. In jeder Himmelsrichtung ums Camp herum eine. Damit das möglich ist, hatte der Erfinder am Fallenbrett eine Bindfadenöse angeleimt, auch an der Wippe befand sich eine solche Öse.

Sobald die Fallen in Position gebracht und gespannt waren, wurde die Alarmanlage »geschärft«. Das heißt, es wurde ums gesamte Camp ein schwarzer Zwirnsfaden gespannt, in Kniehöhe, so hoch wie die Fallen, und durch die Ösen an deren Wippbrettchen hindurch. Würde nun von irgendwoher ein Bösewicht zum Zelt schleichen, müßte er über kurz oder lang an den nicht sichtbaren Zwirnsfaden stoßen. Dabei würde er die Fallen zum Zuschlagen bringen. Großalarm!

So weit, so gut. Doch das war längst nicht alles. Denn jemand mit tiefem Schlaf würde das Zusammenklappen der Fallen womöglich gar nicht wahrnehmen oder jeden knackenden Ast für einen Alarm halten.

Damit solche Irrtümer gar nicht erst geschehen können und selbst der tiefste Penner zum höchsten Renner würde, kam noch etwas hinzu. Etwas, das die Bastelei auf das Niveau einer Erfindung hob.

Der junge Tüftler hatte nämlich genau dort, wo der Metallbügel aufs Fallenbrettchen aufschlug, links und rechts neben der Wippe, je einen stumpfen Metallstift (ca. 2 mm ⌀) angebracht. Ganz einfach mit Klebstoff in einem passenden Loch, so daß noch 6–7 mm der Stifte hervorschauten. Aber auch das war noch nicht alles. Der eigentliche Knüller war ein echter Knaller. Um die Alarmanlage wirklich scharf und vor allem wirksam zu machen, mußte man auf jeden Bolzen eine Spielzeugrevolver-Platzpatrone stülpen. Berührt nun jemand den Zwirnsfaden – dann gibt es einen achtfachen Schuß, der sicher bereits ausreicht, einige »Schleichis« auf der Stelle in die Flucht zu treiben. (Zeichnung Nr. 19)

»Wenn Du das Schwachsinn findest, wirf die Alarmanlage bitte nicht fort, sondern schick sie mir wieder zurück. Sie ist nämlich mein Prototyp«, endete Christians Brief.

Ans Zurückschicken war gar nicht zu denken, denn ich fand die Erfindung wirklich genial, preiswert und praktisch. Also antwortete ich, daß ich sie toll fände und sie gern für mein »Kuriositätenmuseum« behalten möchte. »Vielleicht kann ich sie auch mal weitervermitteln.« Was ich hiermit getan habe.

Ich hatte meinen Antwortbrief gerade im Briefkasten, da erreichte mich bereits der zweite Brief des Erfinders. Per Eilboten und Einschreiben.

»Lieber Rüdiger, vergiß schnell den Prototyp I! Ab heute gibt es Prototyp II. Bei dieser verbesserten Ausführung weiß der Überfallene sofort, aus welcher Richtung der Angreifer kommt.«

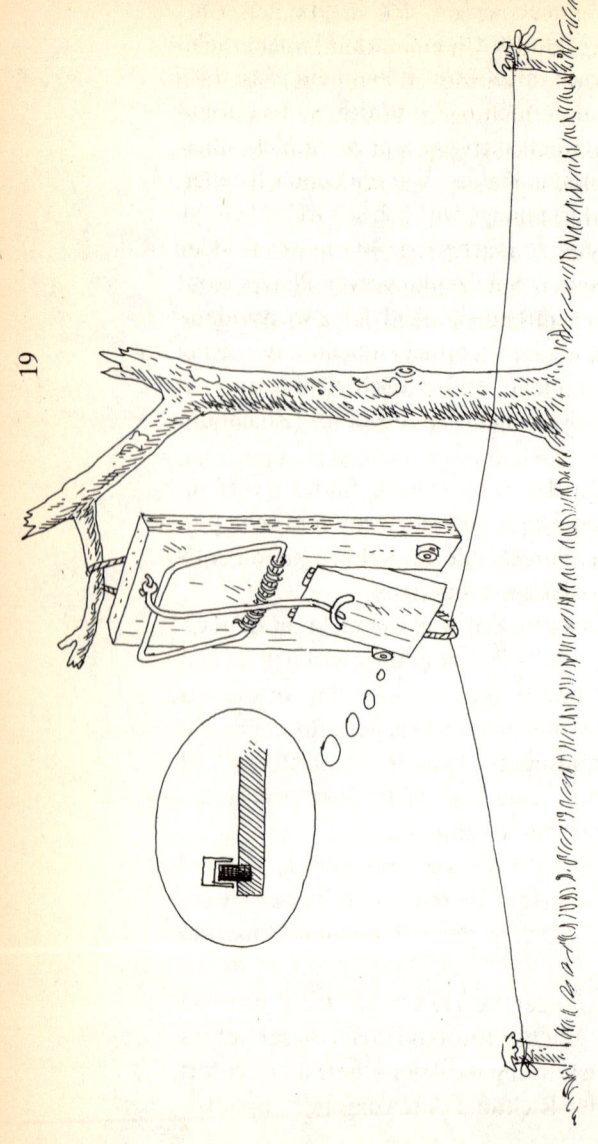

19

Und wie unterschieden sich die beiden Entwürfe voneinander? In einer kleinen, aber ausschlaggebenden Winzigkeit nur, wie so häufig bei genialen Erfindungen. Wie auch damals bei der Erfindung des Rades und der anschließenden Vervollkommnung, in die Mitte ein Achsenloch zu bohren.

Genauso bei Christian Barths Modell II. Der Abwehrexperte hatte lediglich den einen, rund ums Lager laufenden Zwirnsfaden in vier Teile zerschnitten und die Enden jeweils an einem Ast festgebunden. Bei Berührung löste somit jeder Faden nur eine Falle und einen Doppelschuß aus. Aber immer noch laut genug, um wach zu werden.

Ich kann mir gut vorstellen, daß diese Mini-Anlage auch an anderen Örtlichkeiten wirksam eingesetzt werden könnte.

33. Die Toilette

Bevor ihr den Wald mit euren Exkrementen düngt, baut lieber ein Plumpsklo, denn die Natur düngt sich selbst. Eine Grube von 50 x 100 cm Größe und 80 cm Tiefe ist völlig ausreichend und gleichzeitig ein reelles Grab. Man kann ja nie wissen! Natürlich baut man das weit genug vom Lager entfernt, wie alle Gräber. Wie's aussehen könnte, verrät euch Marians Zeichnung. (Nr. 20)

Über die Papierrolle stülpt ihr eine Dose. Und als letztes baut ihr nötigenfalls einen Sichtschutz drumherum aus belaubten Ästen und vereinbart irgendein Zeichen für »frei« und »besetzt«.

Und wenn ihr das Lager abbrecht, vergeßt nicht, den Aushub... Nee, das brauche ich sicherlich nicht extra zu erwähnen! Unnötig wäre es allerdings, nach jeder einzelnen Toilettenbenutzung Sand auf die Exkremente zu streuen. Dann wäre die Grube schnell wieder voll, und ihr müßtet täglich eine neue ausheben.

Der Geruch verliert sich schnell an der frischen Luft, und ist er auch zunächst vorhanden, so hat er durchaus Vorteile. Er sorgt dafür, daß ihr das stille Örtchen nicht zu lange blockiert.

Vielleicht kommt Mutter Natur euch mit einem natürlichen Geruchstilger zu Hilfe, wie ein Freund von mir es in Katmandu/Nepal erlebte. Er war froh gewesen, irgendwo ein freies Parkplätzchen für seinen VW-Bus gefunden zu ha-

20

ben. Sehr bald merkte er, warum der Platz frei gewesen war. Hinter der Mauer, vor der der Wagen parkte, befand sich die öffentliche Toilette. Keine gefliese Anlage mit Klofrau und automatischer Spülung, sondern ein gewaltiges Loch mit einem soliden Sitzbalken darüber. Der Balken war sogar lang genug, um auch mehreren Personen Gelegenheit zu bieten, sich gleichzeitig ihres Überflusses zu entledigen und dabei, wie in einer finnischen Sauna, ein Pläuschchen zu halten. Infolge häufigen und monatelangen Gebrauchs war das Holz mit einem natürlichen Feinschliff versehen, weshalb niemand befürch-

ten mußte, sich einen Splitter einzureißen. Eher konnte man Angst haben, hineinzufallen. Zwar gab es die Möglichkeit, sich irgendwo festzuhalten (und sei es beim Sitznachbarn), aber die Gefahr, dennoch hineinzufallen, war ganz offenkundig. Allein der Gedanke daran ließ manches Hirn schwindeln und manches Knie zittern, denn die Grube war tief, groß und steilwandig. Aber das war nicht der Hauptgrund für die Schwindelanfälle. Vielleicht war die wabernde Füllung noch gar nicht so tief, vielleicht konnte man noch einen gewissen Anlauf nehmen, mit gewagtem Sprung die Grubenkante erreichen und sich herausziehen. Nein, das war bestimmt nicht die Ursache gewisser Beklemmungen, die einen hier befielen. Der Hauptgrund waren die Maden. Millionen und Abermillionen wanden sich auf der Oberfläche, bildeten eine weiße Decke, kämpften um jeden Quadratmillimeter Oberfläche, rangen nach Sauerstoff, brachten Leben in die tote Substanz und bewiesen, wie vielseitig die Natur ist. Alles, was in die Grube fiel, verschwand augenblicklich in der weißen Turbulenz – eine Horrorvision, selbst unter dieser Decke zu verschwinden, wie in einem Moor.
Wenn ihr euch das Bild klar und deutlich vorzustellen vermögt, werdet ihr verstehen, daß einige Touristen nicht mehr in der Lage waren, diese Toilette zu betreten. Lieber suchten sie Zuflucht in Gaststätten, machten in die Hosen oder schafften ihren Stuhldrang völlig ab. Fragt mich nicht, wie das gemacht wird. Jedenfalls

war das so. Bis endlich einer die rettende, durchschlagende Idee hatte: Er holte seinen Reservekanister Benzin aus dem Auto, entleerte ihn in die Grube und warf ein Streichholz hinterher.
Dem Bericht zufolge soll das Streichholz der erste Gegenstand gewesen sein, der nicht von den Madenmassen überwuchert wurde. Denn dafür blieb ihnen keine Zeit mehr.
Die Grube explodierte förmlich, brannte lichterloh, der Balken bekam richtiggehend frische Bäckchen, und die Maden waren innerhalb von Sekunden gegrillt.
Der großzügige Benzinspender schaute sich beifallheischend um, und die Umstehenden applaudierten. Auch die, die sich nicht geekelt hatten, freuten sich, weil ihnen das Feuerwerk gefallen hatte.
Doch die Strafe folgte augenblicklich. Zunächst entstieg der Grube ein bestialischer Leichengestank, als Folge des verbrannten Madenfleisches. Die Toilettenbenutzer trösteten sich damit, daß das ja gleich vorüber sein werde. Aber da irrten sie sich. Kaum ließ der Leichengestank nach, entwickelte sich mit unerhörter Intensität ein infernalischer Kotgeruch. Wie eine Giftgaswolke erhob er sich in die Lüfte, lagerte wie eine würgende Dunstglocke über dem Stadtteil und brachte das normale Leben zum Erliegen. Alles roch, als wäre es soeben tropfend dem Klo entnommen worden. Die Autotouristen mußten Hals über Kopf den Platz räumen, die Passanten verhüllten die Nasen mit Tüchern, und die Toi-

lette war tagelang unbenutzbar. Erst allmählich normalisierte sich der Zustand wieder. Da hatten erneut viele tausend fleißige Fliegen ihre Eier in die Grube gelegt, und daraus waren vor Gesundheit strotzende Maden geschlüpft. Und schließlich deckte ein neuer, elfenbeinfarbiger Teppich den Unrat gnädig und sauber ab und neutralisierte die üblen Gerüche wie eh und je.

Nehmt diese Geschichte nur als Anekdote oder überlegt euch, ob ihr solche Erkenntnisse in euer Leben übertragen wollt, um auf Duftsprays verzichten zu können. Denn selbst der feinste WC-Fliederduft aus der Dose bewirkt ja bestenfalls nur, daß der Eindruck entsteht, da hätte sich jemand unter einem Fliederbusch entleert.

Aber damit genug der Abschweifungen. Kommen wir zum nächsten Thema.

34. Der Müllbehälter

Als nächstes ist das Aufstellen dreier Müllbehälter wichtig, damit niemand in die Versuchung gerät, etwas in die Landschaft zu werfen. Der erste für anorganischen (d. h. nicht verrottenden) Müll, wie Plastik etc. Den zweiten für Glas, den dritten für Papier. Das, was kompostierbar ist, werft ins Plumpsklo. Nach demselben Prinzip solltet ihr auch daheim den Müll sortieren.

35. Das Abstellbord

Was auf der Erde herumsteht, wird gern von Ameisen und anderem, ansonsten nützlichen Getier heimgesucht. In einem Dauercamp empfiehlt sich deshalb der Bau eines Abstellbords für Töpfe und Lebensmittel.
Vier Stöcke à einen Meter, die oben eine Gabelung haben, werden fest in die Erde gesteckt. Alle gleich tief, und zwar in Form eines Rechtecks. Dann wird in die zwei Astgabeln an der Längsseite je ein stabiler Stock gelegt. Über die beiden Stöcke kommen dann, dicht bei dicht, entsprechend passende, kürzere Hölzer. Damit sie nicht wegpurzeln, legt ihr noch einmal je einen Ein-Meter-Stock über die Kurzstöcke und zurrt die übereinanderliegenden zwei Langstöcke an den Enden zusammen. (Zeichnung Nr. 21)
Die vier tragenden Astgabeläste werden vorher im Feuer bis zur Hälfte angekokelt. Dadurch vergeht den Insekten die Lust auf eure Lebensmittel, weil sie an den angebrannten Ästen nicht hochklettern. Was nach Feuer und Ruß riecht, meiden sie wie ihr den Lebertran.
Und merkt euch das gleich für die Wildnis, falls nichts Besseres zur Hand: Sich selbst mit Ruß einzureiben, ist ein guter Notbehelf gegen lästige Insekten und eine gute Tarnmöglichkeit. Nur weiß ich nicht, ob die Insekten euch meiden, weil ihr nach Ruß und Feuer riecht, oder ob sie euch nicht sehen, weil ihr so gut getarnt

21

seid. Wäre mal ein interessantes Forschungsprojekt.
Übrigens kann man genauso schnell wie das Abstellbord auf dieselbe Art ein Notbett bauen, falls man im Urwald oder im Busch wegen der Krabbeltiere nicht auf dem Boden schlafen mag. Nur etwas größer, dann hat man auch Doppelbetten. Aber das ist dann doch eher was für Fortgeschrittene.

36. Feuer Nr. 1

Nachdem ihr euren dicksten Teilnehmer fünf Kilometer schweißtriefend durch deutsche Lande gehetzt habt, sei euch nun eine Pause gewährt. Es soll gleich etwas zu essen geben, irgend etwas Warmes, und dazu braucht ihr Feuer. Und weil ihr eben so fleißig wart, soll euer erstes Feuer eines sein, das man so leicht machen kann wie mit einem Feuerzeug.
Wenn ihr die Reiseapotheke verabredungsgemäß gepackt habt, entnehmt ihr das Glycerin und das Kaliumpermanganat.
Ihr bereitet das Feuer vor, das heißt, ihr baut ein Nest mit viel feinem und trockenem Zunder: Strohhalme, abgestorbene Ästchen vom Baum (nie von der Erde aufheben!), Holzspäne, Papier..., darüber dann das gröbere Holz. In dieses Nest krümelt ihr auf z. B. das Papier $1/2$ Teelöffel Kaliumpermanganat. Falls es grobkörnig ist, vorher feinstampfen (zuckerartig). Dann träufelt ihr $1/2$ Teelöffel Glycerin darüber. Während ihr die Gefäße wieder sorgfältig verschließt, wird sich bereits die Flamme entzünden.

37. Mahlzeit Nr. 1

Allmählich habt ihr tierischen Hunger. Mein Vorschlag: vorweg für jeden zwei Tassen Brühe. Und als Hauptgang dann Mehlpfannkuchen. Das geht schnell und schmeckt (fast jedem). Faustrezept: pro Pfannkuchen einen gehäuften Eßlöffel Mehl, pro Person werdet ihr 3–6 Stück von diesen Lappen verschlingen. Gebt etwas Salz und Zucker hinzu, pro Kilo Mehl auch ein Tütchen Backpulver (muß aber nicht sein). In diese Zutaten schüttet ihr so viel Milch oder Wasser, bis es mit Hilfe des selbstgebauten Quirls eine glatte, fließend-sämige »Suppe« wird. Wenn ihr Eier habt, gebt pro Kilo Mehl 1–5 Stück hinzu. Aber nicht *noch* mehr, sonst werden aus den Pfannkuchen Spiegeleier.

Währenddessen hat ein anderer für ein ordentliches Feuer gesorgt. Die lodernden Flammen sind runtergebrannt, und eine große Menge Glut glimmt euch entgegen. Die Pfanne ist heiß. Sie steht auf dem Rost, den ihr mit Steinen waagerecht über der Glut ausgerichtet habt. Wo es keine Steine gibt, nehmt zwei (feuchte) Holzstämme – oder zieht einen kleinen Graben für das Feuer. Alles so, daß der Wind durchblasen kann. Mit einem Teelöffel Pflanzenöl wird die Pfanne ausgeschwenkt. Damit ist alles fürs Bakken vorbereitet. Jetzt kann $1/2$ bis 1 Tasse voll Pfannkuchenmasse hineingegeben werden, die man – ebenfalls per Schwenk – über den gesam-

ten Pfannenboden verteilt. Zerläuft sie nicht, ist die Teigmasse noch zu fest. Dann helft ihr diesem ersten Pfannkuchen mit dem Löffel dezent nach. (Die übrige Masse dann aber mit Milch oder Wasser verdünnen.)
Wichtig ist, daß die Pfanne nicht aus Aluminium ist, sonst werdet ihr nie fertig. Sie muß aus Eisen sein, schön schwer und solide, mit einem Griff aus Holz, damit man sie stets bequem anfassen kann. Ansonsten die Handschuhe nehmen.
Erst wenn die untere Seite des Kuchens richtig goldbraun ist, geht vorsichtig mit einem flachen Spachtel darunter und löst ihn ab. Der erste Fladen wird womöglich etwas kleben. Später, wenn die Pfanne eingebacken ist, gibt sich das. Vor dem Wenden gebt etwas Öl gleichmäßig auf die Pfannkuchen*ober*fläche. Von Mal zu Mal wird der Backvorgang besser funktionieren. Die letzten hüpfen fast von selbst aus der Pfanne. Damit das so bleibt, wird eine *Pfanne nie ausgewaschen*, sondern nur ausgerieben. Mit einem alten Lappen, mit Papier oder Stroh... Hinterher stellt das rußige Geschirr umgedreht (gegen Regen geschützt) auf den Rost. Also nix hier mit Putzfimmel und außen auf Hochglanz poliert, denn alles wird jedesmal wieder schwarz.
Die Pfannkuchen schmecken am besten warm. Da der Backprozeß in der Eisenpfanne nur zwei Minuten dauert (in Aluminium 18 Minuten), kann der Hungrigste schon mal anfangen. Er gibt sich Marmelade, Honig, Kompott oder »Garnix« drauf, rollt und ißt das lederne Ding

auf – und sieht die Welt plötzlich wieder in anderem Licht.

Und nun der Nachtisch, denn wir pflegen in drei Gängen zu essen, vornehm, wie das deutsche Schulwesen schlechthin. Pro Person werden 1–2 reife Bananen mit Schale in die Glut gelegt. Nicht gerade in die Affenhitze, sondern in eine mittlere Glut. Dort verweilen die Früchte so lange, bis sie platzen. Das kann 10 Minuten dauern, also Geduld. Laßt sie ruhig reichlich platzen und blubbern. Dann nehmt sie vorsichtig mit den Handschuhen heraus. Wenn ihr die Handschuhe vergessen habt, baut euch eine Pinzette. Einfach aus einer dünnen Astgabel, oder macht das Modell de Luxe: zwei gleichgroße, V-artige dünne Astgabeln nebeneinander legen und gut zusammenbinden. Oder die Spezialpinzette... Aufheben fürs Museum. (Zeichnung Nr. 22)

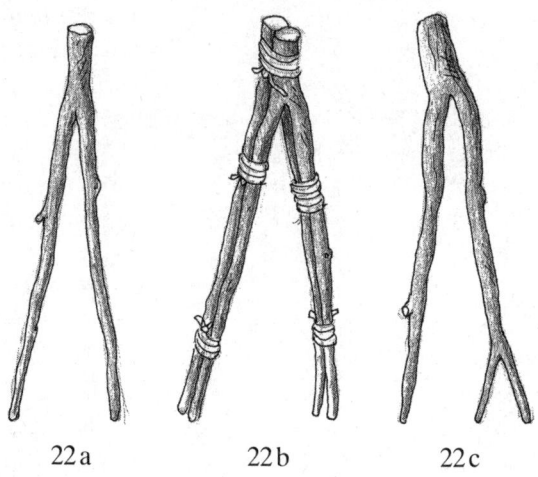

22 a   22 b   22 c

Die Bananen abkühlen lassen und dann wegschmatzen. Wem das nicht schmeckt, der mag sich seine Zunge gern rausoperieren lassen. Er braucht sie nicht und kann sie mir gern in Formalin zuschicken. Ich sammle Zungen von Leuten, die damit indirekt »meine« Indianer beleidigen. Denn bei den Yanomami (Preisfrage: Wo leben die?) ist das eine Delikatesse, und bei mir auch.

38. Der Knoten

In den nächsten Tagen brauchen wir ein paar Knoten. Deshalb nun alle, Frau und Mann, um die Glut geschart und aufgepaßt.
Zum Rauf- und Runterklettern an Bäumen und Seilen müssen wir den Prusikknoten kennen. Es ist ein schlingenartiger Klemmknoten, der sich bei Belastung zuzieht und bei Entlastung wieder lockert. Die folgende Zeichnungsserie (Nr. 23) erklärt, wie er gemacht wird. Befestigt euch außerdem zu ständigen Übungszwecken ein Ein-Meter-Stück von eurem 3-mm-Seil an einem sauber geschnitzten Ast und hebt dieses Modell – und Muster der folgenden Knoten – während des ganzen Projekts auf. Bis danach für die Ausstellung in der Schule.
Der zweite Knoten ist der Palstek. Damit kann man etwas anbinden oder eine Öse (ein Auge) machen, die sich trotz Belastung nicht zuzieht und leicht wieder zu öffnen ist. Dieser Knoten wird per Zeichnung (Nr. 24) erklärt.
Der dritte im Bunde der Binder ist der Kreuzknoten, mit dem man zwei Seile verbindet. (Zeichnung Nr. 25)
Der Achtknoten wird als Endknoten an einem Seil gemacht, damit es sich nicht auffädelt oder damit es einen Halt hat und einem nicht durch die Hand saust. Oder wenn man, wie beim Strickleiterbau, zwei parallele Seile verknoten will, die sich wieder leicht öffnen sollen, oder, oder, oder.

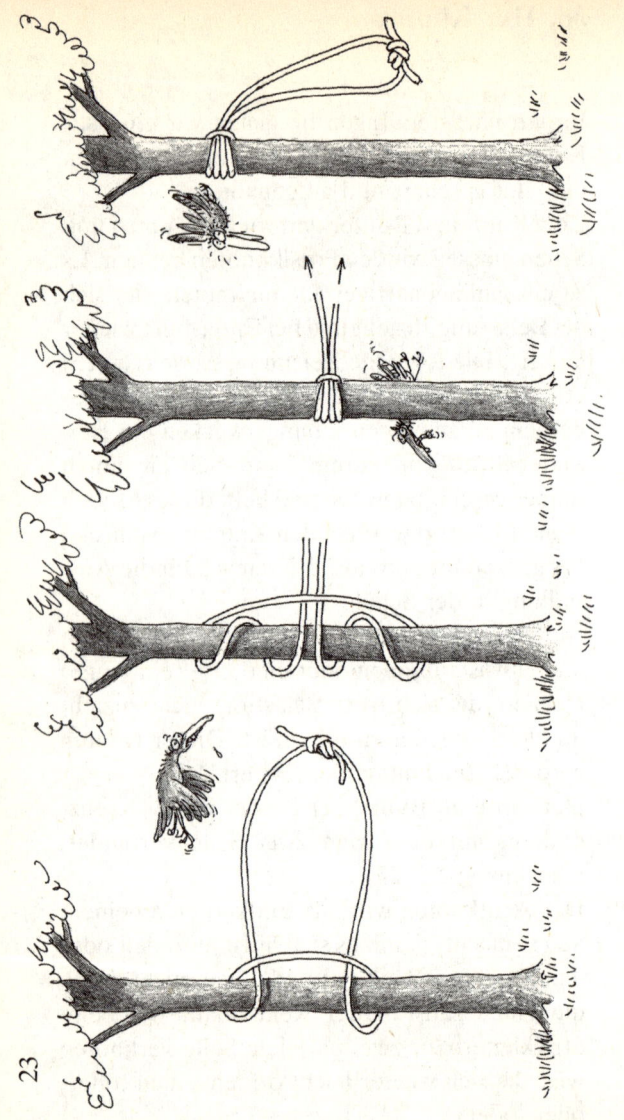

23

24a 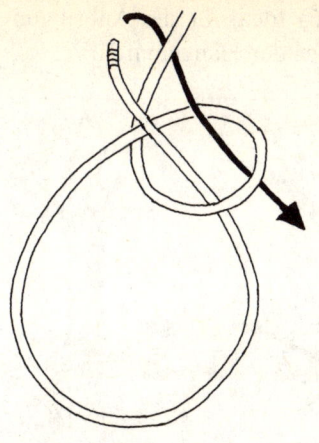 24b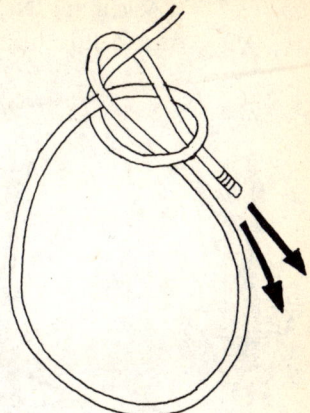

25a 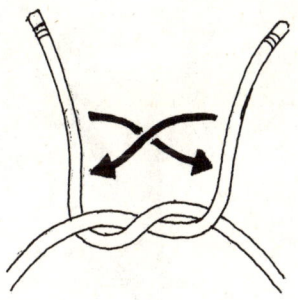 25b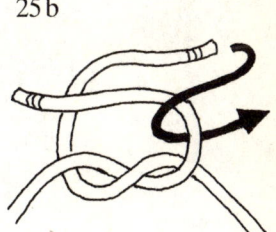

25c 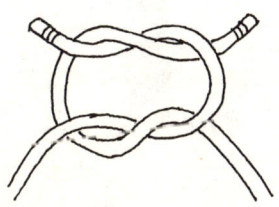 25d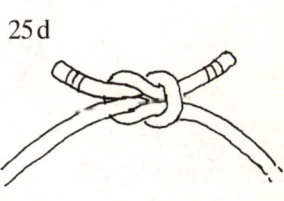

Und dann ist da der Blitzschnellöseknoten. (Zeichnung Nr. 26) Ideal für die Anbringung des Zeltdaches oder der Hängematten.

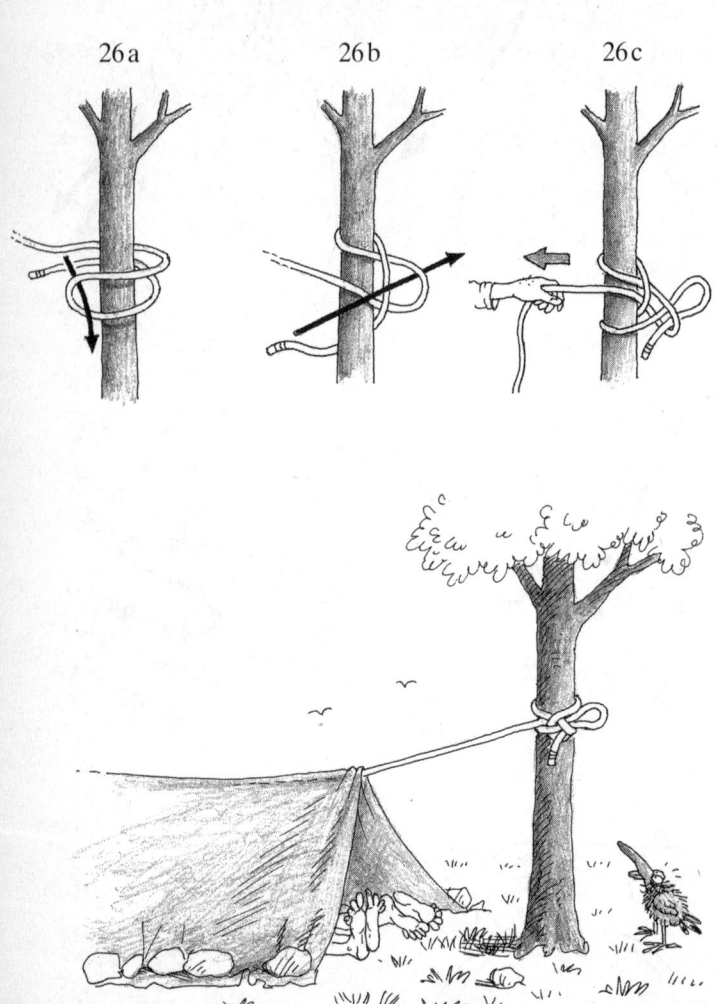

26a 26b 26c

Um sich auch nach einem Jahr noch daran zu erinnern, zeichnet euch die Knoten dort auf, wo ihr sie wieder benötigen werdet: also den Schnellöseknoten aufs Zeltdach, die übrigen auf die Innenklappe der Überlebenstasche, oder laßt sie euch auf den Arm tätowieren.

39. Zaubertrick Nr. 1: Das durchgebrannte Seil

Leute, ihr wißt es inzwischen: Zaubern ist wichtig. Die Welt will verzaubert werden oder verschaukelt, wie man's nimmt. Oder »verhoroskopt«, und was es da sonst noch alles gibt an parapsychologischen »Gäcks«. Da ist das Zaubern immer noch der ehrlichste Betrug und die ehrlichste Möglichkeit, sich über Wasser zu halten.

Ich habe mir mit meinem kleinen Zauberprogramm schon Geld verdient, mich für Gastfreundschaft revanchieren können, bin nebst Eheweib Maggy in der Wüste Nefud von Beduinenzelt zu Beduinenzelt weitergereicht worden wie eine Kostbarkeit, wurde im Nordjemen von zauberbegeisterten Kindern verfolgt wie der Rattenfänger von Hameln, und ich habe mir in diversen ausländischen Gefängnissen einige Hafterleichterungen verschafft. Mitunter ist es mir auch schon passiert, daß ich einige meiner Zauberlehrlinge als große Meister wiedertraf.

So geschehen z. B. in Jordanien. Ich war zu Gast bei Scheich Maschhur Abu Taya von den Howeitat-Beduinen im Wadi Ram, im Süden des Landes. Wie üblich führte ich meine Tricks vor. Längst hatte ich gelernt, aus einer Ein-Minuten-Gaukelei ein Zehn-Minuten-Epos zu machen. Denn in der Wüste hat man dreierlei reichlich: Sonne, Sand und Zeit. Und es er-

schien mir einfach zu schade um jeden Trick, der unnötig schnell zu Ende war.
Besonders begeisterungsfähig waren überall die Kinder. Und die verrücktesten von ihnen waren die Beduinenkinder, am allerausgeflipptesten aber war Abu Taya selbst.
Mit der den Beduinen eigenen Bauernschläue erriet er das Funktionsprinzip der meisten Tricks. Mit großem Wortschwall informierte er dann den Rest der Anwesenden von seinen Erkenntnissen. Aber wenn ich ihn bat, den Trick vorzuführen, mußte er passen, und das ärgerte ihn. Er war regelrecht unglücklich und bettelte so hartnäckig, bis ich weich wurde und ihm einen verriet.
Es war einer jener Tricks, der in jedem Kinderzauberkasten zur Grundausrüstung gehört: die hölzerne Urne. Mit ihr verwandelt man Bälle in Tücher und Tücher in Bälle. Mit ihr wandern Bälle in Hosentaschen und Taschentücher in die Urne. Oder aber, der Wüste angepaßt, es erscheint statt des Balles eine Eidechse oder ein Skorpion.
Wichtig für diesen Trick ist die Urne. Man kann sie nicht selbst machen, denn sie ist eine Drechslerarbeit mit Geheimfächern, aber man kann sie für wenig Geld kaufen. Von dieser Urne hatte ich einige Reservestücke dabei. Nachdem Abu Taya lange genug gebettelt hatte und vor allem, weil ich ihm für seine Gastfreundschaft längst Dank schuldete, ließ ich mich weichklopfen und sagte: »Abu Taya, folge mir in die Wüste.« Aufgeregter als zehn Kinder vor Heiligabend lief er

mir immer ein paar Schritte voraus bis zu einem großen Felsen.

»Nimm Platz!« bat ich ihn, »ich werde dir jetzt den Trick mit der Urne erklären.« Dabei nahm ich die beiden Urnen aus der Tasche, seine und meine. Ich wollte gerade ansetzen mit der großen Erklärung, da küßte er seine Urne und mich, hüpfte von einem Bein aufs andere und rief: »Komm mit, Abdallah*, jetzt werde ich meinen Leuten den Trick vorführen.«

Es war hoffnungslos, ihn zur Ruhe zu bewegen, um sich die wichtigen Einzelheiten erklären zu lassen, damit der Trick seine Wirkung hatte. Er eilte davon und rief stimmgewaltig seinen Clan zum Lagerfeuer. Enttäuscht trottete ich hinterher. Wenn er alles besser wußte, sollte er sich eben blamieren. Schade um die wertvolle Urne. Ich reihte mich unter die Zuschauer. Während immer noch Leute herbeiströmten, hielt Abu Taya bereits die Einführungsrede. »Merkt euch diesen Tag. Es ist ein Wendepunkt in eurem Leben. Denn heute erlebt ihr, was ihr noch nie zuvor gesehen habt. Es wird für euch eine völlig neue Zeitrechnung beginnen. Ihr werdet in Zukunft nicht mehr sagen ›nach der großen Dürre‹ oder ›vor dem sintflutartigen Regen‹, sondern es wird landauf, landab nur noch heißen, ›es war vor oder nach dem Tag, als Abu Taya Zauberer wurde‹.«

So sprach er Minute um Minute. Da er die Ansprache nicht nur laut, sondern auch sehr ge-

---

* alias Rüdiger Nehberg

stenreich darbot, war es keinen Augenblick langweilig. Abu Taya war ein großer arabischer Geschichtenerzähler. Ich dachte nur: Und gleich wird er sich blamieren.
Endlich griff er unter seine weite Dschellabiyah und holte die Urne hervor. Und wieder folgte eine Rede. »Die Not an Taschentüchern hat endgültig ein Ende gefunden.« Auch mit der Not an Bällen als Spielzeug für die Kinder sei es ein für allemal vorbei. Man werde es gleich erleben.
Die Rede dauerte fünfzehn Minuten. Dann endlich setzte er an zum ersten Handgriff. Ich wollte gar nicht hinschauen, weil mir völlig klar war, daß der Trick total in die Hose gehen mußte. So beobachtete ich lieber die Zuschauer. Ihre gespannten Gesichter würden mich spiegelgleich rechtzeitig wissen lassen, wann der große Zauberer sich blamierte. Aber nichts dergleichen geschah. Alle starrten fasziniert zu Abu Taya. Und der redete, gestikulierte, zauberte. Längst hatte ich meine Ängste um ihn vergessen und schaute genauso gebannt auf seine Darbietung. Wie Abu Taya den simplen Trick zu einer fast abendfüllenden Riesennummer ausdehnte, mit Witz, Geschicklichkeit und Phantasie – das war einmalig. Demnach hatte er meine eigene Vorführung haargenau analysiert und den Trick vollendet begriffen und ihn nun perfektioniert. Ich war schließlich so begeistert von diesem Phänomen, daß ich ihm spontan weitere Zaubereien verriet. Einerseits aus Freude darüber, für ihn genau die richtigen

Geschenke gefunden zu haben, zum anderen mit dem hinterhältigen Gedanken, von seiner Begabung profitieren zu können, von der Kunst, aus einem Floh einen Elefanten, aus einem Furz einen Donnerschlag zu machen.
Jahre später war ich wieder in Jordanien. Als Gast im Königspalast zu Amman. Es gab reichlich zu essen, eine arabische Kapelle spielte, der König war anwesend, ebenso seine Minister und viele Parlamentarier. Plötzlich ein gewaltiger Tusch, und der Conférencier kündigte »unseren lieben Bruder, Scheich Maschhur Abu Taya, den großen Zauberer«, an.
Die Kapelle verstummte, die Gespräche erloschen, das Licht ging aus. Dunkelheit allerorten. Dann eine leise zarte Flöte, ein Punktstrahler und – Abu Taya, der Höhepunkt des Abends. Wie eh und je führte er seine perfektionierten Kunststückchen vor, und das Publikum dankte begeistert. Als er einmal jemanden von den Zuschauern zur Assistenz benötigte, sprang ich hinzu. Er schaute mich ein wenig irritiert an, so als überlegte er, woher er mich kenne. Auch ich schaute ihm fest in die Augen. »Maschhur, erinnerst du dich an mich?« Und während sein Hirn fieberhaft arbeitete, holte ich langsam meine eigene kleine Urne aus der Hosentasche und hielt sie ihm vor die Augen. »Komm mit hinter den Fels«, sagte ich, »ich will sie dir erklären.« Da zündete es bei ihm. »Abdallah aus Almania! Allah ist groß!« Die Vorstellung mußte unterbrochen werden, die Kapelle sprang schnell ein, um die Pause zu überbrücken, bis

Maschhur sich endlich gefangen hatte. Während der ganzen Vorstellung mußte ich neben ihm sitzen, und nach jedem Trick blinzelte er zu mir herüber. »Na, hab' ich das gut gemacht?« Vielleicht befindet sich unter euch ein ebensolches Naturtalent. Vielleicht erlebe ich eines Tages eben diesen nächsten simplen, aber dekorativen Seiltrick als Riesen-Mammut-Magic-Show in Las Vegas wieder.

Ich liefere heute und hier nur die Grundzutaten, die Einfachversion. Es liegt an euch, daraus ein echtes Bühnenstück zu komponieren. Versucht es gleich heute abend im friedlichen Wettstreit. Wer schafft es, den Trick, sobald er ihn beherrscht, um einige Varianten zu bereichern?

Es ist also wieder ein Seiltrick, wie schon im »Let's fetz«-Buch. Nicht daß es mir an Phantasie mangelte oder mein Repertoire begrenzt und einseitig wäre. Es ist vielmehr deshalb, weil man Seile meist im Gepäck hat, weil Seiltricks – im Gegensatz zu Kartenkunststückchen – von jedem Menschen der Erde verstanden werden, und weil es gut wirkt, wenn man mit ein und demselben Material, in unserem Falle dem Seil, mehrere Tricks beherrscht. Man kann sie dann in mehr oder weniger sinnvoller Reihenfolge aneinanderkoppeln und aus verschiedenen Einzeltricks eine umfassendere Nummer bauen. Wie Einzelwitze, die man zu einer Büttenrede verkettet. Das wirkt überzeugender, das ist professionell. Und wenn ihr die zwei Seiltricks aus »Let's fetz« nehmt, dazu die zwei aus diesem Buch, des weiteren den mit den vier Taschentü-

chern, dann sind das bereits fünf ähnliche Kunststückchen, die sich mit etwas Phantasie sehr gut verbinden lassen. Wenn der Taschentuchtrick z. B. als letzter kommt, ergibt sich daraus der Daumentrick, weil ihr dafür ein Taschentuch und Feuer benötigt. Und das wiederum habt ihr längst in Form einer brennenden Kerze vorrätig. Sie ist nicht nur romantische Dekoration, sie ist auch nötig für den neuen Trick dieses Kapitels, und sie entzündet auch beim alles abschließenden Supertusch den großen Fidibus, der das Feuerspucken ermöglicht (»Let's fetz«).
Und nun geht's los:

Das durchgebrannte Seil

Die Zuschauer sehen, daß ihr in jeder Hand ein langes, dickes Seil haltet. Beide Seile sind zunächst noch locker zusammengefaltet, aber dann werft ihr sie in Richtung Publikum, so daß sie ihre volle Länge entfalten. Je ein Seilende liegt dann zu Füßen der Zuschauer, und das jeweils andere Ende verbleibt in euren Händen.
Dann gebt ihr den Zipfel in der rechten Hand zu dem in der linken und zieht beide Seile durch die linke Hand bis zur Mitte zu euch zurück. Ihr hebt die linke Hand hoch, und vier gleichlange Seilenden hängen herunter. Dann kommt die rechte Hand der linken zu Hilfe. Ihr haltet die beiden Seile (siehe Zeichnung Nr. 27) und laßt sie über einer brennenden Kerze durchschmel-

27

250 cm

18 cm

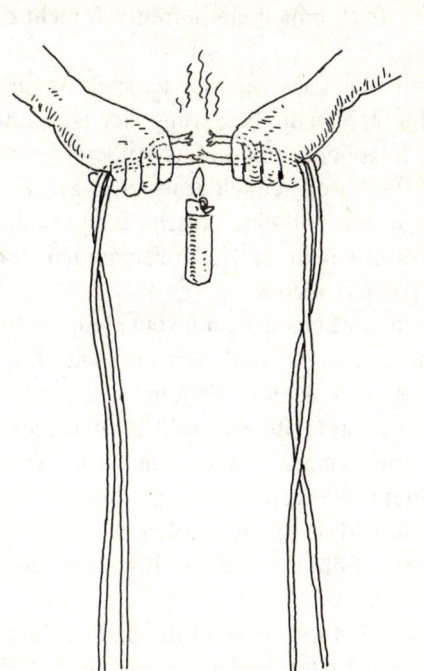

zen. Ihr habt nun vier halbe Seile. Die zwei Seilhälften der rechten Hand packt ihr zu denen der linken. Aus eurer linken Faust schauen nach oben die vier geschmolzenen Seilenden hervor, während die vier Seilhälften nach unten baumeln.

Mit der rechten Hand befummelt ihr die vier Schmelzpunkte und mimt den großen Magier. Ihr laßt nun je einen Zuschauer zwei Seilenden halten. Dann gebt ihr die Mitte frei – und aus den vier halben Seilen sind wieder zwei ganze geworden. Selbstverständlich dürfen die Zuschauer die Seile untersuchen, denn den eigentlichen Trick haben sie hoffentlich nicht durchschaut.

Soweit der Trick aus der Perspektive des Betrachters. Nun die Erklärung, der Trick funktioniert folgendermaßen: Aus weißem, 5 mm dikkem Perlonseil schneidet ihr zwei Stücke à ca. 250 cm. Sie sind eine Anschaffung fürs Leben. Ihr könnt sie immer wieder verwenden, denn ihnen passiert nichts.

Statt dieser Seilstücke muß ein kleines Hilfsmittel dran glauben, und zwar ein Ring. Ein Ring aus genau demselben Perlonseil. Um ihn zu basteln, schneidet ihr ein exakt 18 cm langes Stück ab, bringt beide Enden mit dem Feuerzeug (nicht mit der Kerze, weil sie rußt) zum Schmelzen. Sobald sie flüssig werden, drückt ihr sie zusammen. Seht zu, daß die Ringnaht möglichst unsichtbar wird.

Für die Vorführung zieht ihr ein Seil durch den Ring und haltet beides so, wie auf der Zeichnung erklärt. Wenn ihr jetzt den Zuschauern die beiden Seile vor die Füße werft, ist jedem klar, daß es sich um zwei Einzelstücke handelt.

Wenn ihr dabei stets auf die Enden schaut, die auf der Erde liegen, wird das auch das Publikum tun. Ihr könnt die Seile auch gern peitschenähnlich ein wenig bewegen. Dann sind die Leute beschäftigt mit Beobachtungen und werden abgelenkt. Die Ablenkung braucht ihr, denn in diesen Sekunden legt ihr das Seil in der rechten Hand zu dem in der linken. Der Handrücken zeigt zum Zuschauer, die Handfläche zu euch. So wird niemand wahrnehmen, daß ihr das rechte Seil schnell durch den Seilring geschoben habt. Beide Seile laufen jetzt durch den Ring. In dieser Position schmelzt ihr die Fäden durch. Nach diesem Vorgang schauen aus der linken Hand, jeweils zwischen Daumen und Zeigefinger, zwei Schmelzenden hervor. Die der rechten Hand gebt ihr zu denen der linken. Ihr legt sie in Ruhe – und für den Zuschauer unsichtbar – so übereinander, daß je eine Seilhälfte beider Seile rechts aus der linken Hand hängt und die anderen links. Dabei entzieht ihr gleichzeitig die zwei Ringhälften den Blicken der Zuschauer.

Aus dieser Position heraus gebt ihr die langen Seilenden der rechten Hand einem Zuschauer und die der linken einem anderen.

Ihr bittet sie, das Seil langsam stramm zu ziehen. Ist das geschehen, laßt ihr die Seilmitte plötzlich mit großer Geste und Verbeugung los und jeder sieht, daß die »geschmolzenen« Stellen wieder eine Einheit wurden.

Der zweite Tag

40. Das kernige Frühstück

Heute hat euch nicht eure Mutter geweckt, sondern – so hoffe ich – die frische Luft und das Gezwitscher der Vögel. Wenn ihr Wandervögel zu den Pechvögeln zählt, dann haben euch der Regen, die Kälte und der Wind geweckt. Das sollte euch jedoch nicht ärgern. Ihr verwandelt kurzerhand – durch simples Umdenken – die unerwartet mißliche Situation in eine positive: Training unter erschwerten Umständen. Etwas, das eigentlich Fortgeschrittenen vorbehalten ist – das dürft ihr Schicksalsbegnadeten schon heute erproben.
Also Pulli, Poncho über und auf zur zweiten Etappe.
Das Melken und der Früh*sport* sind automatisch abgelaufen. Käme nun das Früh*stück*. Auch auf dieses Zeremoniell will ich hier nur einmal für alle weiteren vier Male eingehen. Es sollte so vollwertig wie möglich sein. Je nach Jahreszeit und Landschaft werdet ihr flexibel improvisieren können.
Da wäre die frische Milch, frisch von der Kuh, dann die Dickmilch für den nächsten Tag. Die Milch vom Bauern – da ohne Vorbehandlung – wird in 24 Stunden dick. Vor allem, wenn ihr

von der ersten gelungenen Dickmilch einen Löffel voll in die nächste, zum Andicken aufgestellte Milch einrührt und sie in die Sonne stellt. Warme und so geimpfte Milch gerinnt viel schneller. Das funktioniert nicht mit gekaufter Milch. Sie ist so vorbehandelt, daß die Säurebakterien keine Chance gegen die Fäulnisbakterien haben.

Achtung: Zudecken gegen Insekten!

Tee, Kaffee, Müsli, *frisch geröstete* Sonnenblumenkerne, Hagebuttenmus (das orangefarbene Hagebuttenfruchtfleisch auf einem Brett mit dem Löffel zerdrücken, je nach Geschmack Honig und Zitronensaft hinzugeben). Selbstgebackenes Brot (ab 3. Tag: siehe Extrakapitel), Honig, Ei, Quark (selbstgemacht): 1–3 l Milch dick werden lassen. Diese Dickmilch in einen Stoffbeutel oder ein entsprechend gefaltetes Tuch geben, aufhängen, Molke ablaufen lassen, fertig ist der Quark. Das ablaufende Wasser (= Molke) in Gefäß auffangen und trinken.
Und Butter. So wird sie selbst gemacht:

1 l Sahne, direkt vom Bauern, also unbehandelt, sauer werden lassen. Beim Schnellverfahren Zitrone zum Säuern nehmen. Falls ihr schon Dickmilch zur Verfügung habt, gebt ein paar Löffel Dickmilch als »Impfung« in die Sahne. Wenn ihr sie dann noch schön warm stellt (Sonne), geht das Säuern sehr schnell vor sich. Aber bitte, wie die Dickmilch, mit Deckel oder Tuch zudecken gegen Insekten!

Wenn die Sahne sauer ist, gebt sie in ein verschraubbares Gefäß und schüttelt es $1/2$ Stunde

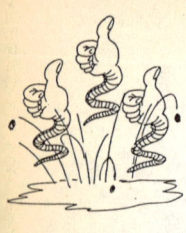

hin und her. Dann klumpen die Fetteilchen zu Butter zusammen und übrig bleibt die herrlichste Buttermilch als Lohn für den Hersteller.

Vereinfachung: Tragt die Sahneflasche am Gürtel mit euch herum (oder klemmt sie auf den Gepäckständer des Fahrrades und fahrt ein Stündchen spazieren). Dann buttert ihr nebenbei ohne zusätzlichen Kraftaufwand.

Die zusammengeklumpte Butter wird mit etwas Salz versetzt, das Ganze in einem Topf oder auf einem Brett, Zeltplane oder Stein gut verknetet, und fertig ist eure eigene Butter.

Diese Jobs solltet ihr reihum praktizieren, denn nur, was man völlig selbständig erprobt hat, prägt sich ein. Theorie ist grau – wie der Himmel im Industriegebiet.

41. Das Flechten

Nach dem Schlemmermahl zurück zur rauhen Wirklichkeit. Einer von euch hatte sich ein Bein gebrochen, und aus irgendwelchen Gründen könnt ihr noch nicht weitergehen. Weil der zu überquerende Fluß Hochwasser hat oder weil ihr einen Boten losgesandt habt, der einen Hubschrauber holen soll. Egal, ihr liegt in eurem Camp und müßt euch versorgen. Ihr müßt Früchte, Salate oder Teeblätter sammeln oder Fische fangen, und ihr habt keine Behälter dafür. Jedenfalls bilden wir uns das jetzt ein und machen uns die Behälter selbst.

Aus den Hecken besorgt ihr euch schöne, gerade und dünne Äste. Einige, die kleinfingerdünn sind, vielleicht Haselnußtriebe, und andere Ästchen, die dünner sind als Stricknadeln, als Flechtmaterial. Dafür eignen sich besonders Weidenzweige. Jeder baut sich zunächst einen Korb. Das geht denkbar einfach. Den schönsten Stock biegt ihr und bindet ihn mit Bindfaden (oder Weidenrinde, Lassoband...) zu einem Kreis oder Oval zusammen, Durchmesser 30–40 cm.

Mit einem anderen (stabilen) Ast zieht ihr eine Furche in den Erdboden, bis die Hälfte des Kreises oder Ovals darin verschwindet. Die übrige Hälfte ragt senkrecht heraus. Der Teil im Boden wird mit Erde zugeschüttet und festgedrückt, damit er schön fest steht. (Zeichnung Nr. 28)

28

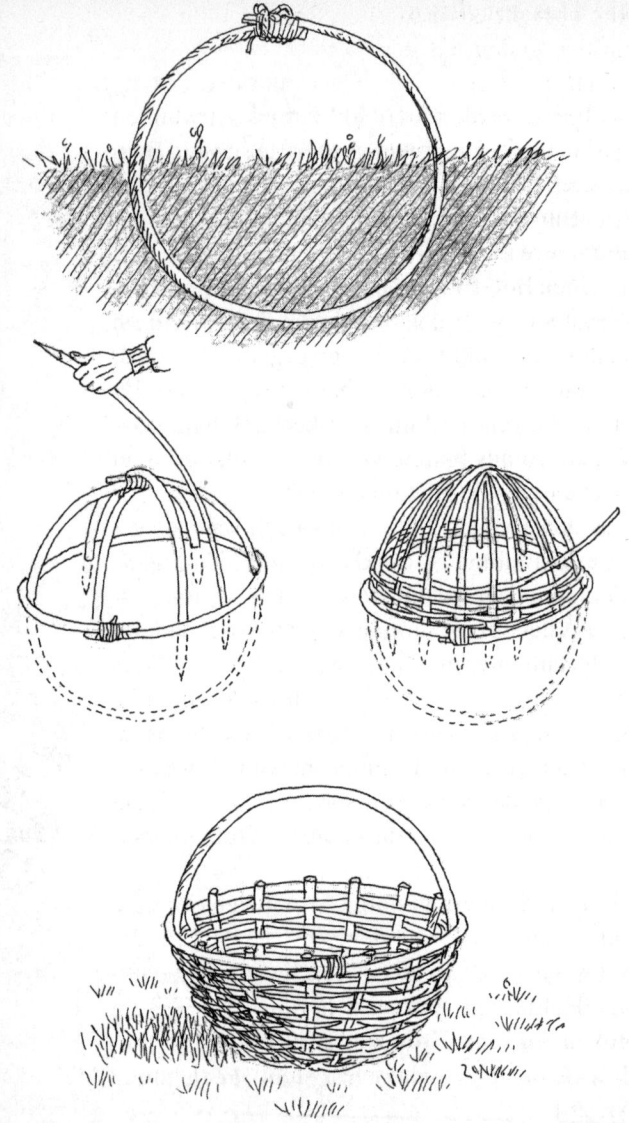

Nun baut ihr einen zweiten Ring, den ihr flach um den ersten auf den Boden legt, wie einen Äquator um den Erdball. Er muß den ersten, aus dem Erdreich ragenden, direkt umschließen. Und nun steckt ihr den ersten biegsamen, angespitzten Haselast innerhalb des flachliegenden Ringes in die Erde. Etwa 5–10 cm tief. Ihr biegt ihn über den senkrechten Ring hinweg und steckt ihn genau gegenüber symmetrisch in die Erde. Die Länge des Astes müßt ihr vorher abschätzen. Falls die Äste brechen, nehmt ihr dünnere (elastischere) Äste, bzw. ihr walkt sie vorher von Hand ordentlich durch, oder ihr halbiert sie der Länge nach.

In der gleichen Weise steckt ihr 8–16 weitere Äste in die Erde. Der Hauptkreuzungspunkt wird mit Bindfaden (oder Weidenrinde) gut umwickelt und stramm verknotet. Und durch dieses stabile Gerippe zieht ihr nun die dünnen Flechtäste. Fangt am »Äquator« oder »Nordpol« des Korbes an und geht spiralförmig rauf oder runter. Flechten bedeutet, das Flechtmaterial einmal *über* und einmal *unter* einem der Längengrade durchzuziehen. Ist das gesamte Astskelett mit Geflecht bedeckt, zieht ihr den Korb aus der Erde. Die Spitzen der Äste, die in der Erde waren, werden abgeschnitten – und fertig ist der Korb.

In ähnlicher Weise lassen sich Schneeschuhe, Reusen oder Tragekörbe bauen. (Zeichnungen Nr. 29, 30 und 31) Sogar Boote und Häuser, doch die kommen erst am letzten Tag des Projektes.

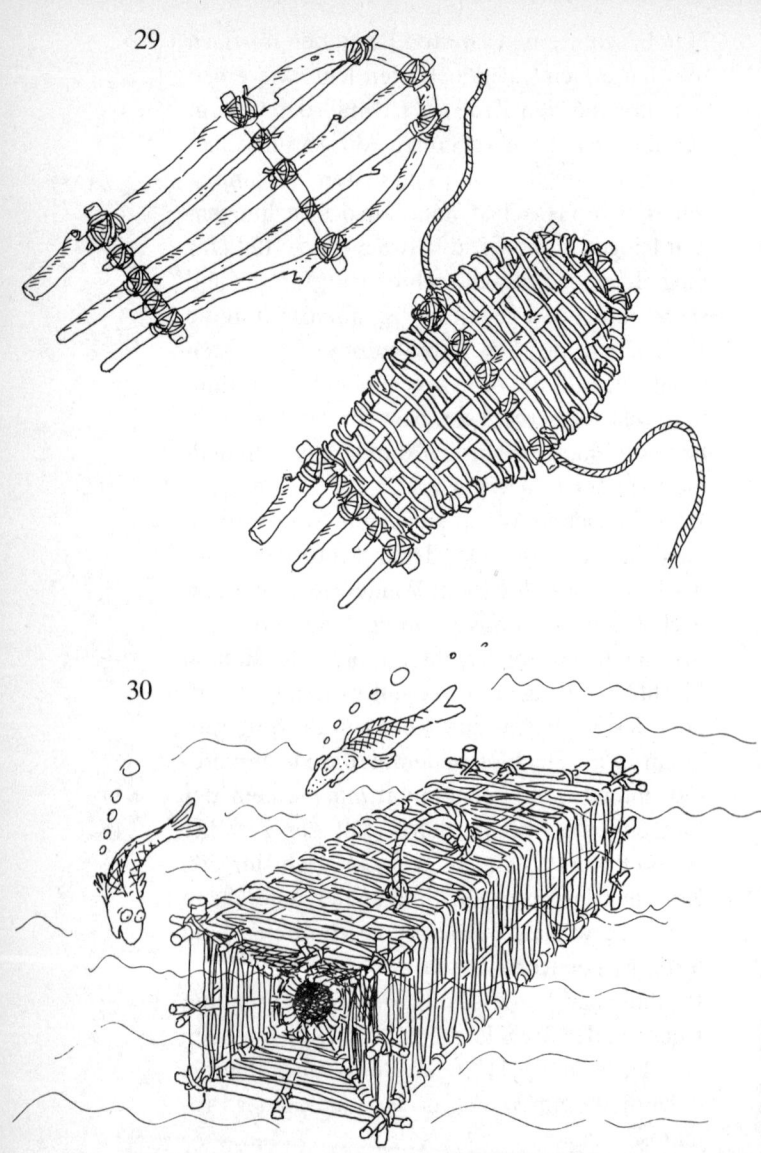

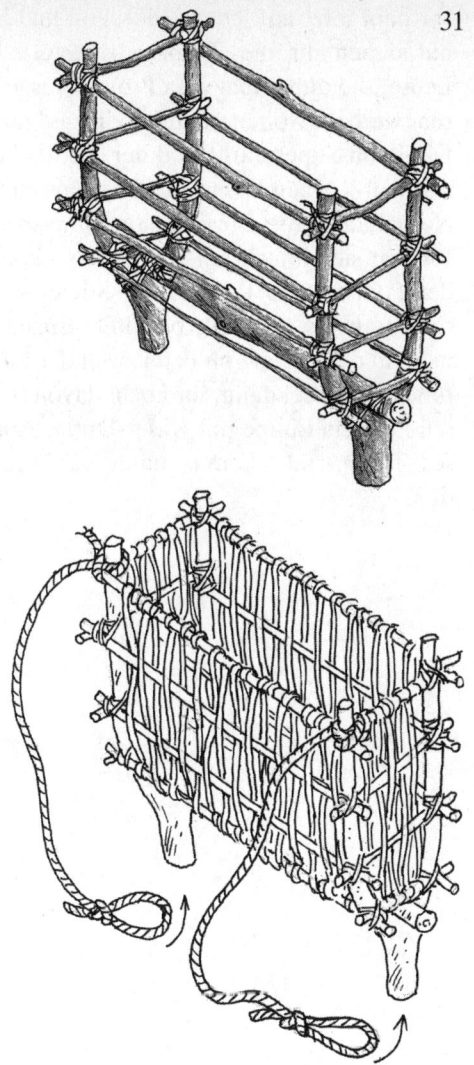

Ihr habt jetzt auf jeden Fall schon mal Körbe, mit denen ihr die Pflanzen sammeln könnt. Leute, die unbedingt vom Projekt ausgeschlossen werden wollen, kaufen die aufgezählten Dinge im Supermarkt und der Apotheke.
Mit den Körben lassen sich übrigens auch gute Notbehälter für Flüssigkeiten improvisieren: Ihr legt sie einfach mit Plastik aus. Aber auch der Poncho, das Regendach, Stiefel – all das sind brauchbare Wasserbehälter. Einzige Ausnahme: die Stiefel von Peter, weil der Schweißfüße hat. Es sei denn, ihr kocht davon französische Zwiebelsuppe mit Käse(-Duft). Aber dieses Thema fällt bereits unter »Ekelüberwindung«.

42. Wasserbeschaffung und Filterbau

Viel wichtiger als das Essen ist das Trinken. Der Mensch kann viele Tage und Wochen (abhängig von Klima und »Speckwanst«) ohne Nahrung auskommen, aber nicht ohne Wasser. Deshalb solltet ihr vor allem wissen, wie man sich Trinkwasser beschafft. Man kann nicht jedem Fluß (nicht mal jedem Leitungswasser) trauen. Ihr wißt ja: Vertrauen ist gut, Filtern ist besser. Deshalb filtert man das Wasser vorsichtshalber. Da kann es bereits sehr hilfreich sein, in einem Abstand bis zu zwei Metern vom Ufer des Gewässers ein Loch zu graben. Sobald man damit unter die Wasserlinie kommt, sickert Wasser ein, das bereits trinkbarer ist als der See selbst. Grabt das Loch tief genug, dann läßt sich das Wasser besser herausschöpfen. Selbst Löcher neben Salzgewässern (Meeren) spenden bereits salzreduziertes Wasser, das von Kamelen im Notfall akzeptiert wird. Sicherheitshalber sollte man jedes unbekannte Wasser, das nicht als munterer Gebirgsbach dahersprudelt, auch noch kochen. Das gilt insbesondere für Gewässer, an deren Oberläufen Menschen wohnen.
Neben diesem Naturfilter kann man einen künstlichen Filter bauen. Ein Gefäß erhält unten ein kleines Loch. Darüber legt ihr, als erste Schicht, ein sauberes Tuch. Dann folgen Sand, ein Tuch, *viel* Holzkohle (verkohlte Reste aus eurem Lagerfeuer), wieder ein Tuch und erneut Stoff oder Watte. (Zeichnung Nr. 32)

32

Das wichtigste ist hierbei die Holzkohle, schön klein gestoßen. Vielleicht kennt ihr das von Aquarienfiltern: Die Kohle tötet die Bakterien. Das übrige Filtermaterial hat wie ein Sieb eine mechanische Reinigungspflicht. Wichtig ist auch das nicht zu große Loch im Boden des Gefäßes. Das zu filternde Wasser muß eine Weile im Gefäß bleiben, es soll nicht einfach durchlaufen.

Vor dem Genuß soll auch dieses Wasser möglichst noch gekocht werden. Selbst Regenwasser ist nicht mehr das, was es früher mal war.

Aber es ist immer noch besser als undefinierbares Fluß- oder gar kein Wasser. Eine Beschaffungsmöglichkeit für Regenwasser bieten eure Regendächer. Ihr hockt euch zu viert unter eine Plane und spannt die freigewordenen Tücher V-förmig aus. Mit leichtem Gefälle, das in ein Gefäß mündet oder in einem zur Mulde aufgespannten Tuch. (Zeichnung Nr. 33)

Wo kein Süßwasser verfügbar ist, aber Gras, Blätter oder Salzwasser, könnt ihr auch dieses noch mit ganz einfachen Mitteln zu Trinkwasser verwandeln, sofern ihr Sonne habt (und hauptsächlich dann ist ja das Trinkproblem relevant). Und ihr benötigt einen Plastik- oder Gummisack bzw. wasserdichte Folien oder Zeltplanen.

Am besten könnt ihr den Wassergewinnungsvorgang mit Hilfe eines Klarsichtbeutels beobachten. Deshalb haben wir ja ein solches Behältnis laut Checkliste mitgenommen. Nun kommt sein Einsatz. Gebt das Gras oder die Blätter hinein. Wer kein Grünzeug hat, sondern nur Salz- oder Dreckwasser, Urin (oder mit Hilfe nachts ausgelegter Garderobe den Tau) – der tauche sein T-Shirt in diese untrinkbare Flüssigkeit, lasse es sich vollsaugen und wringe es leicht aus, bis die Flüssigkeit nicht mehr von selbst herausläuft. Während man Gras und Blätter einfach wahllos in den Beutel stopft, muß man unter dem Schmutzwasserhemd ein »Podest« bauen: zum Beispiel in Form eines losen Häufchens Steine oder kreuz und quer gelagerter Ästchen oder Zeltheringe. Dann wird der

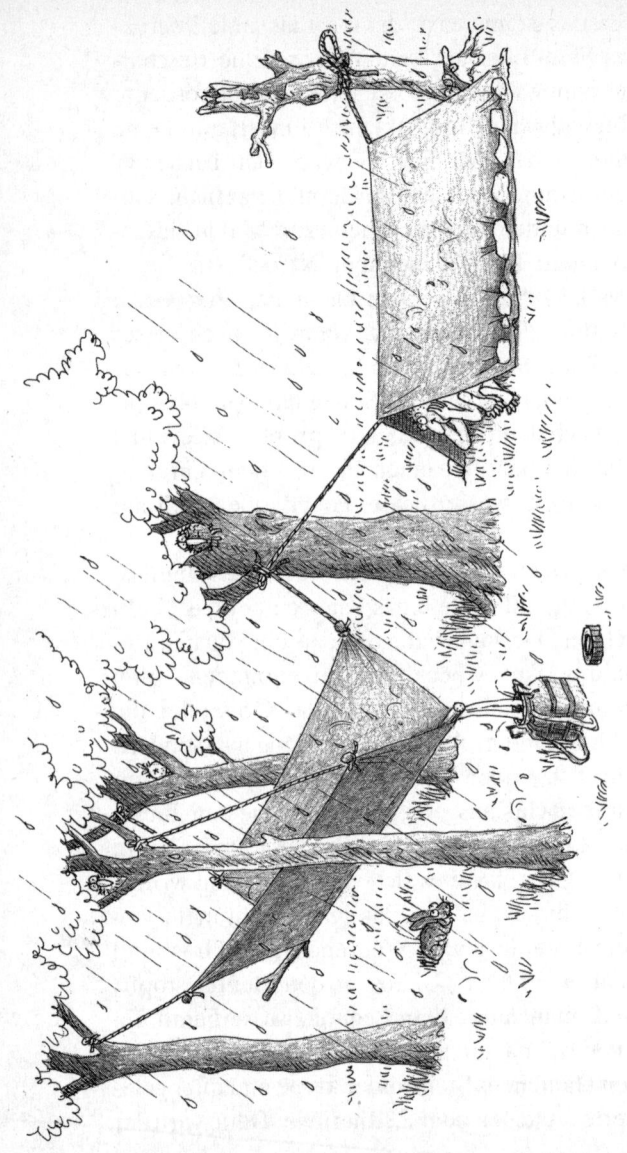

Plastikbeutel (oder das Zeltdach...) fest geschlossen. Es darf keine Luft mehr entweichen, deshalb darf auch kein Loch im Beutel sein. Diesen Packen legt ihr in die Sonne. Je nach Intensität der Bestrahlung wird es nicht einmal eine Stunde dauern, und die Feuchtigkeit ist herausgeschwitzt, an der Innenseite der Plastiktüte kondensiert und hat sich als trinkbare Pfütze unten im Beutel gesammelt. (Zeichnung Nr. 34)

34

Das einmal erprobt zu haben, ist so eindrucksvoll, daß ihr im Notfall auch als Laien, die sich nie mit Survival auseinandergesetzt haben, ganz anders die Nerven behalten werdet.

43. Werkzeug aus Stein

Im Notfall muß man wissen, wie man sich ein »Messer« macht. Wenn kein Metall vorhanden ist und es schnell gehen soll, nimmt man das, was überall zu finden ist: Steine. Bei uns im Norden die Flint- oder Feuersteine. Sie liegen zu Tausenden gelangweilt auf Äckern, Wegen und Stränden herum und warten darauf, benützt zu werden. Flintsteine sind etwas, um das uns der Rest Deutschlands beneidet. Aber dieser Rest möge sich damit trösten, daß er dafür Wildwasser und Kletter- und Skiberge besitzt. Und damit sind wir quitt.
Der Rest der Republik verwendet Glasscherben als Notmesser oder Splitter von Kalkstein oder Schiefer, oder er lasse sich rechtzeitig von Leuten, die im Norden Urlaub machen, einen Sack voll Flint mitbringen.
Teilen wir also die Republik nicht mehr in Preußen und Bayern, nicht mehr in Nord- und Südlichter, sondern in Flintistan (das Land der Stein-Reichen) und in Glasien (das Land der harten Glassplittersammler). Das wird so lange währen, bis die Glasier allen Feuerstein aus Flintistan weggeschleppt haben und die Erde ihren Schwerpunkt verlagert. Dann müssen wir den Flint teuer zurückkaufen, um nicht völlig aus dem Gleichgewicht zu geraten. Sage also niemand, ich hätte es nicht gleich gesagt.
Um eine Messerklinge herzustellen, zieht ihr die Handschuhe an. Ihr nehmt den Flint in die

linke Hand, einen faustgroßen Kieselstein in die rechte und schlägt so auf den Flint, daß ihr ihn knapp streift. Dabei wird der erste Splitter abspringen. Nun schlagt ihr immer wieder millimeterknapp auf die obere frische Kante des Flint. Je nach Beschaffenheit des Feuersteins werden längliche Klingen oder kleine Skalpelle abspringen, beide sind brauchbar. Falls sie rundherum scharf sind, umwickelt sie mit Lassoband als Griff.

Ein solcher Steinsplitter ist übrigens eine ebenso wirksame wie unheimliche und gemeine Waffe. Und zwar deshalb, weil sie leicht zu verstecken ist und vom Gegner als Waffe nicht erkannt wird. Genau wie die Stecknadel im Kragenrand: die empfehlenswerte Reservewaffe für Frauen, die nachts allein durch die Straßen gehen müssen.

Halbmondartige Absprünge von den Steinen sind geeignete Schaber. So etwas brauchen wir später beim Thema Schlachten.

Im Zusammenhang mit unserem Training wäre dann nur noch das Handbeil interessant. Beim Messerschlagen entsteht es oft von selbst. Oder man schlägt einmal rechts und einmal links auf den Flintstein und erhält auch auf diese Weise ein Beil. Um damit hacken zu können, faßt man es mit dem Handschuh und schlägt kreisförmig um den zu fällenden Ast, bis er von Hand geknickt werden kann. (Zeichnung Nr. 35) Viel Schweiß, viele Flüche, viel Arbeit. Aber wir reden ja hier vom Notfall und nicht von der Handhabung einer Kettensäge, oder?

35

44. Tee, Salat, Obst, Gemüse, Gewürze, Heilpflanzen und Parfum

Eine gute Gelegenheit zu einem gemeinsamen Spaziergang, und den habt ihr euch jetzt verdient. Ihr marschiert möglichst auf Wegen, und wenn schon auf *Ab*wegen, dann im Gänsemarsch. Warum? Ja – das ist eine gute Frage. Gratulation!
Die einen halten Ausschau nach Tees, die anderen nach gemischtem Salat, noch andere nach Früchten usw., was ihr gerade braucht. Jeder sammelt aber nur eine Kategorie, damit nicht aus allem zusammen ein Komposthaufen entsteht.
Für dieses Thema braucht ihr die in der Ausrüstungsliste erwähnten Büchlein über Wildgemüse und Heilpflanzen. Darin findet ihr alle nachstehend erwähnten Pflanzen. Sie sind mit guten Farbfotos dargestellt, und nur als *Farbfoto* hat die Erklärung einen Sinn. Es nutzt nichts, wenn ich das gleiche mit Zeichnungen oder Schwarzweißfotos versuche, aber Farbfotos würden den Preis dieses Buches erheblich erhöhen. Deshalb also ein Kompromiß: Die Gruppe benutzt gemeinsam je eines der erwähnten zwei Büchlein. So entfallen auf jeden Teilnehmer ein paar Groschen anteiliger Kosten. Die ideale Ergänzung zu den beiden Büchlein wäre ein guter Biologielehrer. Aber woher solche Rarität nehmen, ohne zu stehlen? Denn *den* Topmann und noch einen Sportlehrer

möchte natürlich jede Gruppe dabeihaben. Trotz Lehrerschwemme gibt's hier garantiert einen Engpaß. Doch da hilft kein Jammern. Wir müssen notfalls ohne diese »Jungs« und »Mädchen« klarkommen. Deshalb ran an die Arbeit.
Als Tee kommen in erster Linie Pfefferminz und Kamille in Frage. Die Minze wächst vorwiegend im Sumpf und an Bächen. Wenn ihr sie trotz Foto und Buch nicht findet, spielt einer den Spürhund und schnuppert in Dackelhöhe den Boden ab. Der Duft ist intensiv und nicht zu verwechseln. Im Notfall fragt die Einheimischen.
Kamille hingegen wächst auf trockenen Plätzen. Sie ist wegen ihrer charakteristischen Blüten leichter zu finden. Während ihr die Pfefferminze mit Blatt und Stiel verwenden könnt, ist bei der Kamille nur die Blüte der Duftträger. Die Blüten werden abgeknipst und auf Papier im Halbschatten getrocknet.
Die Pfefferminze bündelt man zu kleinen Sträußen und hängt sie ebenfalls zum Trocknen in den Halbschatten. Nie trocknet man Tees in der Sonne. Man vermeidet auch, daß sie wieder naß werden oder einstauben. Sind die Pflanzen endlich trocken, kommen sie in luftdicht verschraubbare Gläser oder PVC-Dosen und werden gegen Lichteinfall geschützt.
Wie man davon einen Tee aufbrüht, wißt ihr selbst. Man kocht Tees nicht, sondern überbrüht die Blätter mit heißem Wasser, läßt sie bis zu zehn Minuten abgedeckt ziehen und siebt sie dann durch (Tuch, Sieb, sauberen Strumpf).

Vor allem bei schwarzem Tee, weil er nach zehn Minuten bitter wird.
Beide erstgenannten Tees müssen aber nicht getrocknet sein, um einen guten Tee zu ergeben. Man kann sie auch frisch zubereiten! Die Krönung der Tees ist die Mischung von schwarzem Ceylontee (aus dem Laden) und frischer Pfefferminze. Ihr gebt ein Bündel frischer Pfefferminzblätter (mit Stielen) in den Teetopf und vier Beutel Ceylontee dazu. Dann übergießt ihr es mit zwei Liter heißem Wasser, laßt es ziehen und trinkt den Tee heiß und mit Honig und begierig und genießerisch.
Kamillentee hat im übrigen auch eine magenschmerzheilende Wirkung. Pfefferminz heilt *und* erfrischt bei einigen Arten von Leib- und Kopfschmerzen – und bei Liebeskummer. Ceylontee und Pfefferminze als Mischung in einem Topf machen fast süchtig.
Natürlich wimmelt die Natur von weiteren Teepflanzen. Die frischen Triebe der Tannen und Kiefern beispielsweise, Himbeer-, Erdbeer-, Brombeerblätter, aber für uns hier reicht das zunächst.
Die Salatsammler werden inzwischen ebenfalls fündig geworden sein. Denn für einen Wildsalat eignet sich sehr vieles. Da eurer aber gut schmecken soll, beschränkt ihr euch auf Pflanzen ohne Bitterstoffe. Das sind: Entengrütze (die grünen Linsen, die die Teiche bedecken), Sauerampferblätter, wilde Möhren (Wurzelteil), Gänseblümchen (Blüte und Blatt), Anemonenblätter, Herztäschle, Waldmeister, Bir-

kenblätter, Breitwegerich, Gänsefingerkraut, Brennessel (heiß überbrüht), Hopfen, Lindenblüten- und -blätter, Sumpfdotterblumen, Vogelmiere, Wegwarte, weiße Melde, Taubnessel, Rotklee...
Als Salatsoße nehmt ihr Dickmilch oder vielleicht Zitronensaft und Öl. Das kann sich jeder nach Belieben mischen.
Die Obstsammler haben derweil Holunderbeeren gefunden, Hagebutten und Äpfel (Chausseebäume), Blaubeeren, Preiselbeeren, wilde Himbeeren, Brombeeren und Walderdbeeren: ein leckerer Fruchtsalat, sowohl roh als auch mit Honig und flüssiger Sahne oder gekocht als Kompott: ½ Liter Wasser pro Person, gebt etwas Honig hinein, eine Prise Salz und das entkernte Obst. Laßt es unter ständigem Rühren kurz aufkochen, bis es weich geworden ist (Kostproben). Aber wartet nicht so lange, bis alles zu Mus zerkocht ist. Dann rührt ihr ein wenig mit kaltem Wasser angerührtes (fast flüssiges) Mehl* (1 Eßlöffel pro ½ Liter) in die Obstsuppe, laßt alles einmal aufkochen und nehmt es vom Feuer.
Aus den Äpfeln könntet ihr euch Apfelkompott kochen, mit nur ganz wenig Wasser (gerade immer den Topfboden gut bedeckt halten) und unter ständigem Umrühren. Es schmeckt auch als Brotbelag oder zu Kartoffelpuffern.
Und aus den Hagebutten macht ihr euch (ohne

---

* daheim nimmt man lieber reine Stärke oder Fruchtpuddingpulver

Kochen) den bereits erwähnten Vitaminaufstrich fürs Brot.
Alle diese Obstgerichte eignen sich traumhaft als Beigabe zur frischen oder dicken Milch oder als Saft. Pur und verdünnt, roh und gekocht. Laßt eurer Phantasie freien Lauf.
Für schmackhaftes Gemüse eignen sich Hirtentäscherl, Giersch, Huflattich, Hopfen, Klettenblätter, Lindenblätter und -blüten, Löwenzahnblätter, Himbeer-, Erdbeer- und Brombeerblätter, Algen, Entengrütze, Pastinak, Spitzwegerich, Wegwarte, weiße Melde, Taubnessel, wilde Möhre, Wiesenknöterich und Rotklee. Um nur einige zu nennen. Diese Pflanzen werden in Salzwasser gargekocht. Das Wasser wird anschließend abgeschüttet.
Als Gewürze (für Kräuterquark) eignen sich: Bärlauch, Wermut, Brennessel, Hopfen, Kerbel, Linde, Löwenzahn, Quendel, Scharfgarbe, Butterblumen, Sumpfdotterblumen... alles roh, gewaschen und kleingehackt.
Prädestiniert als Heilpflanzen: die bereits erwähnte Kamille sowie die Pfefferminze und, höret und staunet, die zerriebenen Blätter des Spitzwegerich als direkte Wundauflage. Sie haben eine beachtliche Heilkraft infolge antibiotischer Bestandteile. Und gegen Schmerzen sei noch der Tee aus der Rinde der Weide empfohlen. Für alle Eventualitäten verrät euch der »Heilpflanzen-Kompaß« noch zahlreiche weitere Möglichkeiten. Aber wir wollen uns hier und jetzt nicht verzetteln. Wahrscheinlich seid ihr beim Sammeln ganz schön ins Schwitzen ge-

raten. Einige werden sich deshalb nicht so ganz wohl fühlen und das Bedürfnis verspüren, sich zu erfrischen, zu parfümieren. Auch das läßt sich arrangieren. Ihr zerquetscht Pfefferminzblätter und reibt euch damit ein. Einziger Nachteil: Tee-Fans werden euch jetzt arg zu Leibe rücken und körperlich bedrängen. Wenn ihr das nicht wollt, nehmt Knoblauch, dann bleiben sogar die Fliegen fern.

Auf jeden Fall solltet ihr diesem Teil des Trainings eine gebührende Bedeutung beimessen. Zu wissen, wie man sich auch abseits der Zivilisation etwas zu essen, zu naschen, zu trinken und zur medizinischen Selbstbehandlung verschaffen kann, stärkt das Selbstbewußtsein beträchtlich. Es ist die mittlere Reife des Survivors.

45. Der Fischfang

Fisch ist das Wildbret des kleinen Mannes. Es ist das Eiweiß, das man noch relativ einfach erbeuten kann, wenn Insekten einem allmählich zum Halse herauskrabbeln und man endlich etwas Anständiges auf dem Teller haben möchte.
Ihr lernt in diesem Kapitel das ordentliche Angeln. Jedenfalls seine Grundform. Aber laßt euch kurz berichten, auf welch verrückte Weise ich schon Fische bekommen habe.
Da waren die vielen, die mir während meiner Atlantiküberquerung per Tretboot einfach freiwillig an Deck sprangen. Ein ganz zielbewußter Fliegender Fisch segelte mir gar des Nachts durch das offene Fenster direkt ins Gesicht. Der wußte, worauf ich Appetit hatte. Und das an einem Freitag – meinem obligatorischen Fischtag.
Am Rio Negro harpunierte ich einen kleinen Fisch. Während des Zappelns wurde er von einem Piranha gebissen. Der verhakte sich dabei an einem der Widerhaken und wurde gleich mitgefangen.
Ein anderes Mal wusch ich meine Hängematte im Fluß und hatte unerwartet einen ein Kilogramm schweren Fisch darin.
Am Blauen Nil fingen wir einen Wels, der soeben einen kleinen anderen Fisch gefressen hatte, und der wiederum hatte in seinem Magen meine Minizahnbürste, die mir beim Säubern ins Wasser gefallen war.

Am Omo-Fluß in Äthiopien verbiß sich ein 150 cm langer Wels an der Angel, deren Ende am Boot befestigt war. Und das wiederum lag zu $1/3$ an Land, zu $2/3$ im Wasser. Der gewaltige Fisch riß das Boot los und zog es hinter sich her auf den offenen Fluß hinaus. Ich konnte gerade noch hineinspringen, doch in dem Moment, als ich die Angel einholen wollte, tat es einen gewaltigen Ruck! Ein Krokodil hatte sich den Wels geschnappt und mühelos das 10 mm dicke Nylonseil zerrissen.
Dafür entschädigte uns ein anderes Krokodil. Es hatte – ohne unsere Hilfe – ebenfalls einen Wels gefangen und kletterte zur Hälfte aus dem Wasser, den Wels quer im Maul. Es warf ihn mit seinen Kiefern mehrfach hoch, fing ihn wieder auf und versuchte, das Querformat zu einem handlichen Längsformat zu machen. Fast war ihm das gelungen, als der Fisch durch seine Zappelei wieder in die Querlage kam, und das arme Krokodil von vorn beginnen mußte.
Da plötzlich entdeckte es uns, die wir die Szene gerade filmen wollten. Es erschrak dermaßen, daß es den Wels fallen ließ und ins Wasser floh. So gab es abends für alle von uns Fisch total.
Auf ähnlich schmarotzende Weise wollte ich einmal zu Fisch gelangen, als ich eine Ringelnatter gefangen hatte. Wir wollten sie filmen und dann wieder freilassen, denn Schlangen stehen unter Naturschutz. Sofort fiel uns ihr dicker Magen auf. Und da man Schlangen den Mageninhalt ganz leicht rausmassieren kann, tat ich das. Ich freute mich schon auf den Fisch und im stil-

len noch mehr über die brillante Survival-Idee: im Notfalle Tieren die Beute abjagen. Doch als der Mageninhalt zum Vorschein kam, war es zu meinem Entsetzen ein Frosch, denn auch Frösche stehen unter Naturschutz. Aber die Natter wollte ihn nicht mehr, sie suchte das Weite. Und nur, um ihn nicht umkommen zu lassen, habe ich den angedauten Frosch gegessen.

Das wurde übrigens in einem meiner Filme genüßlich dargeboten, unter dem Motto: Wenn man die Leute für ein Thema, hier Survival, begeistern will, muß man ihnen etwas Unvergeßliches bieten. Ihr könnt euch denken, daß daraufhin einige Zuschauerbriefe kamen. Voll des Lobes, des Ekels, des Unverständnisses, der Bewunderung. Aber vor allem auch ein echter Klassiker von einem 12jährigen Jungen. Für mich ebenso unvergeßlich wie die Froschnummer für den betreffenden Zuschauer. Er schrieb: »Hallo, Rüdiger, Dein Film lief genau an meinem Geburtstag. Das Tollste war, als Du der Schlange den Frosch geklaut hast. Da rutschte meine Mutter ganz langsam vom Stuhl und wurde ohnmächtig. Das war mein schönstes Geburtstagsgeschenk.«

Und damit zurück zum Angeln. Daß wir als Köderersatz schon mit eitrigen Wundpflastern, roten Stoffetzen, roten Vogelfedern und gebrauchten Tampons erfolgreich geangelt haben, ist beinahe Alltag geworden. Nur eines gelang mir selten: nämlich genau dann einen Fisch zu fangen, wenn man einen wollte oder wenn man einen brauchte.

Ihr lernt nun, wie man es anfangen muß, einen solchen Zappler vom Wasser auf den Teller zu bekommen.

Bevor ihr die Angel auswerft, stellt fest, ob ihr in dem betreffenden Gewässer überhaupt angeln dürft. Denn alle Gewässer hierzulande gehören irgend jemandem. *Wer* das ist, haben euch die Anwohner gesagt, und daraufhin werdet ihr euch mit ihm einigen. Das wird ein paar Mark kosten, aber ihr solltet euch diese Übung nicht entgehen lassen. Sonst müßt ihr einen Fisch kaufen, und das kostet ebenfalls Geld.

Ihr habt euch einen Grashüpfer oder einen Wurm gefangen. Alle Ködertiere werden getötet, bevor sie über den Haken gezogen werden! Der Grille zerdrückt man den Kopf, dem Wurm die *beiden* Körperenden, weil ihr ohne Brille nicht ausmachen könnt, wo er seinen Kopf und wo sein Ende hat, und erst dann werden sie über den Haken gezogen. Die Angel besteht aus einem Brettchen von etwa 15 × 5 cm Länge, 10 m Sehne, einem Korken als Schwimmer und einem Angelhaken. Eventuell befestigt ihr 10 cm über dem Haken eine Eisenmutter zur Beschwerung, damit der Haken schneller untergeht. (Zeichnung Nr. 36) Er muß völlig verdeckt sein, denn Fische sind clever. Sonst lachen sie über dich, auch wenn du es nicht hörst.

Beim Angeln wird nicht gesprochen, man bewegt sich ruhig. Die Pose (der Korken) wird so hoch oder tief eingestellt, daß der Köder nicht ganz auf den Grund fallen kann.

Wenn ein Fisch anbeißt, bleibe cool! Denn erst

36

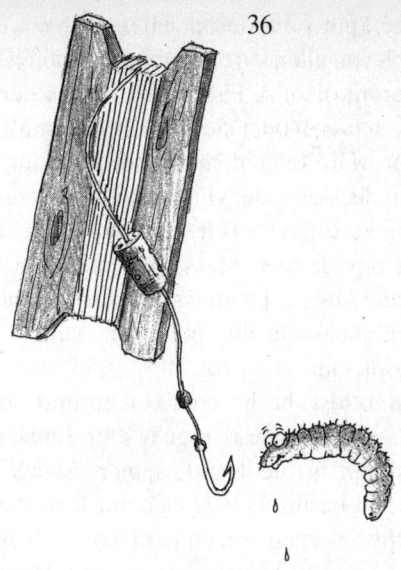

nippt er nur. Wenn du jetzt schon anreißt, wird er verschreckt und verdrückt sich. Laß ihn also zunächst in Ruhe schnuppern und seine Vorspeise inhalieren. Um so fetter ist er später auf deinem Teller. Erst wenn er sich von selbst verhakt hat und den Schwimmer länger unter Wasser hält, ruckst du kurz an. Du wirst es deutlich spüren, wenn er festhängt. Du kannst ihn etwas toben lassen, und dann ziehst du ihn übers flache Ufer heraus. Wenn's geht, laß ihn nicht in der Luft freihängend zappeln. Womöglich reißt er sich dann noch im letzten Moment los. Außerdem schmerzt es ihn unnötig. Nun hast du ihn gelandet, und das nächste ist, ihn sofort zu töten, damit er nicht leidet. Auch wenn er nicht schreien kann, empfindet er Schmerzen, sonst

wäre er kein Lebewesen. Hier wollen wir uns deutlich von allen sogenannten Sportanglern distanzieren, die ihre Fische qualvoll an der Luft ersticken lassen oder sie zurückwerfen. Mit zerfetztem Maul oder dem Haken noch im Kopf und mit der Ausrede: »Fische eitern das raus.«
Um ihn zu töten, versetze ihm einen kräftigen Schlag mit deinem Messergriff auf den Kopf über den Augen. Dann ist er sofort bewußtlos. Danach stichst du ihm über den Augen durch den Kopf, und er ist tot.
Erst dann löst du ihn vom Haken und nimmst ihn aus. Das Ausweiden geht sehr einfach. Du nimmst ihn in die Hand, seinen Bauch nach oben. Am besten läßt er sich am Kopf halten. Der Schwanz zeigt von deinem Körper weg. Du stichst ihm am Kopfansatz in den Hals und schlitzt ihn – zum After hin – auf, oder umgekehrt. Dabei sollte das (scharfe) Messer flach gehalten werden. (Zeichnung Nr. 37) Vorsicht, denn Fische sind glitschig, und man rutscht leicht ab und kann sich schneiden. Wenn der Bauch geöffnet ist, fallen die Innereien fast von allein heraus. Wirf sie zurück ins Wasser als Futter für die Hinterbliebenen.
Abschließend wird der Fisch gut ausgewaschen und im Schatten aufgehängt. Dazu ziehst du ihm einfach ein paar stabile Grashalme oder ein Stück Bindfaden durch die Kiemen (von einem Kiemen durch den Kopf zum anderen) und bindest ihn kreisförmig zusammen.
Die Angel wird ebenfalls abgewaschen und gut aufgewickelt. Solltest du kein Angelglück ge-

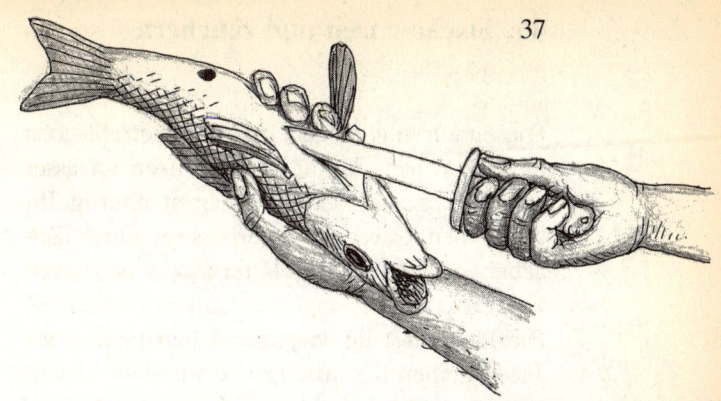

habt haben, laß dir wenigstens den Köder schmecken. Denn lieber einen Wurm als gar nichts zu essen. Oder ihr müßt euch jeder einen Fisch kaufen. Ihr wäret nicht die ersten, die gekaufte Fische als selbstgefangene ausgeben.

46. Fische garen und räuchern

Diesen euren gefangenen Fisch – notfalls eben nur den Wurm – könnt ihr in gesalzenes Wasser werfen, kurz aufkochen – und er ist eßfertig. Ihr könnt den Geschmack verbessern durch Zugabe von Pfefferminzblättern oder sonstigen Gewürzkräutern.

Parallel solltet ihr versuchen, den Fisch *ohne* Topf in einen Kochfisch zu verwandeln (das ist aber deshalb noch *nicht* der nächste Zaubertrick). Dazu benötigt ihr etwas Glut und große Blätter. Zum Beispiel solche von Huflattich und Rhabarber. Mindestens sechs Schichten Blätter sollten übereinanderliegen. Mit Grashalmen oder zarten Zweigen, Wurzeln oder Rindenfasern werden die Blätterpakete verschnürt. Vorher verreibt ihr noch etwas Salz auf dem Rücken und im Bauch des Fisches, stopft Pfefferminze oder andere Gewürzblätter – sofern vorhanden – hinein, und beginnt dann mit dem Einschlagen in die Blätter.

Das Fischpaket wird nach fünf Minuten in der Glut gewendet und dürfte nach zehn Minuten gar sein. Beim Riesenhai dauert's eventuell elf Minuten. Das habe ich noch nicht ausprobiert. Wichtig ist, daß ihr Glut nehmt und kein offenes Feuer.

Eine weitere Variante ist das Garen (Kochen) in Aluminiumfolie. Ihr habt sie von zu Hause mitgebracht. In der freien Natur kommt sie ebenfalls vor. Dort liegt sie vorzugsweise in Straßengräben (was die Vorteile der Zivilisation eindeutig beweist). Seltener trifft man sie in Papierkörben an, obwohl das ihre Heimat sein sollte. Aber manchmal kommt das doch vor, und sie findet sich da speziell in Zigaretten- und Schokoladenpackungen.

In Aluminium braucht ihr den Fisch nur *einmal* einzurollen. Ihr verschließt die Enden und legt ihn in die Glut.

Dasselbe könnte man mit Kartoffeln, Fleisch und Obst machen. Wenn man, wie ihr, einen Feuerrost zur Verfügung hat, kann man die ganze Sache auch auf den Rost legen, dicht über die Glut. Es dauert lediglich etwas länger. Im Notfall – und darum ständig diese verschiedenen Tips – braucht man aber weder Topf noch Aluminium, noch Rost, sondern Feuer und Fisch. Denn man kann das Tier auch ohne alles hineinlegen, und es wird trotzdem gar und schmeckt ausgezeichnet. Probiert also auch das aus. Legt euch aber die Handschuhe oder die Astpinzette griffbereit. Denn nackter Fisch ist schnell gar und sehr heiß.

Letzte Variante: Ihr spießt den Fisch vom Kopf her zum Schwanz mit einem angespitzten Stock auf und dreht ihn über der Glut. Macht den Stock lang genug (1 Meter), damit *ihr* nicht vor dem Fisch gar seid.

Hunger, ihr wißt's ja, ist der beste Koch. Dann schmeckt alles. Aber ob hungrig oder satt, die Krönung der Fischzubereitung ist der *geräucherte* Fisch. Ihr braucht nun nicht solch komplizierten Räucherofen zu bauen wie in »Let's

fetz«. Heute machen wir das Schnellmodell, ein sogenanntes Quicky, ein »Rüdi-Speschel«.
Ihr grabt eine 50 cm tiefe Grube, und zwar mit einer Stufe – wie auf Marian Kamenskys Zeichnung. (Nr. 38) Ihr sorgt rechtzeitig für viel Glut, die ihr in die Grube legt. Mindestens 10 cm dick, rot und wohlgefällig, wie ein Macho mit Bluthochdruck im Bett. Über diesen Macho legt ihr jetzt grüne Blätter oder Gras oder nasses Laub vom letzten Herbst, das überall unter den Bäumen liegt, am besten Buchensägemehl. Laut Checkliste habt ihr ein paar Kilo mitgenommen. Auch ein Wacholderzweiglein würde nicht schaden, sondern den Geschmack verbessern.

38

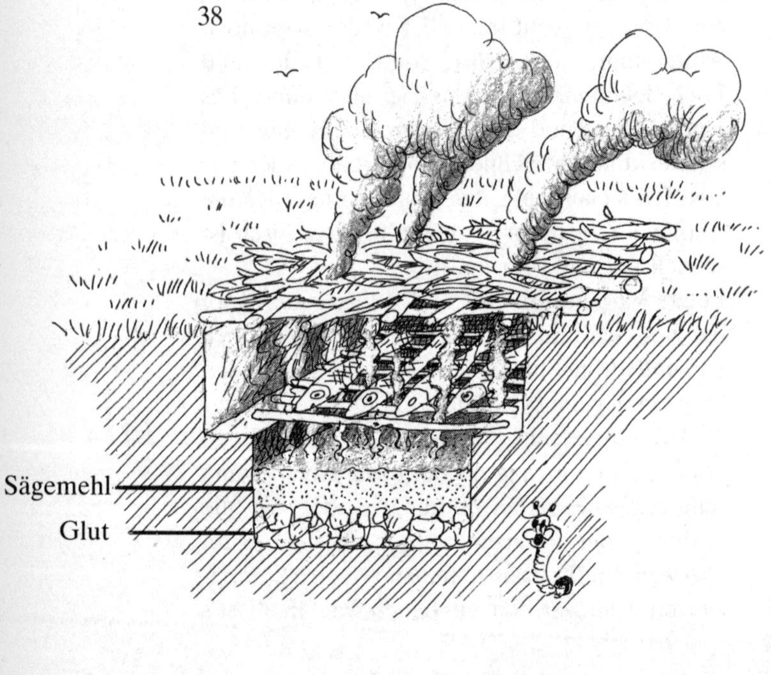

Sägemehl
Glut

Diese feuchten, also nicht brennbaren Dinge (das Sägemehl kann trocken bleiben; wenn es *dick* genug über die Glut gestreut wird, brennt es nicht) werden faustdick über der Glut ausgebreitet. Es entsteht ein starker Qualm. Darüber, auf die Stufe, legt ihr passend geschnittene, frische, fingerdicke, gerade Äste. Sie bilden den Rost, auf den die Fische kommen. Und darüber legt ihr kreuz und quer abermals viele Äste, diesmal belaubte. Viel mehr als auf der Zeichnung (Nr. 38), 10 cm dick, als Deckel. Ideal wäre Holzkohle für die Glut, weil sie die Hitze optimal lange hält.
Gar sind die Fische nach etwa 45 Minuten, und wenn sie golden aussehen. Ihr eßt sie mit einer Prise Salz und natürlich mit selbstgebackenem Brot. Das, zusammen mit dem Rauchfisch und der selbstgerüttelten Butter, schmeckt so gut, daß man dieser Mahlzeit getrost sieben Rülpser (von sechs möglichen) verleihen darf.

47. Das Stockbrot

Wieder mal haben wir keinen Topf, um die Improvisation zu lernen. Ein großer, flacher Stein muß her, oder ihr müßt zum Stein. Ihr säubert ihn mit viel Wasser und schüttet euer Mehl haufenartig darauf. In die Mitte fummelt ihr eine Mulde, reichlich handgroß. Dann streut ihr Salz hinein. Auf 2 kg Mehl (die werdet ihr für eure Gruppe brauchen) einen schwach gehäuften Eßlöffel voll. Eventuell auch das Päckchen Backpulver und einen Stich Butter. All das *muß* jedoch nicht sein, denn mit diesen Luxuszutaten wäre es fast schon ein Sonntagskuchen oder etwas für Camel-Rallye-Fahrer und andere Pseudoabenteurer. Was aber sein *muß,* ist Wasser. Je nach Qualität des Mehls genügt ein Liter auf zwei Kilogramm. Das Wasser wird nach und nach in das Loch geschüttet, das so groß sein muß, daß alles bequem hineinpaßt. Das Loch ist quasi euer »Topf«. Nun rührt ihr mit der rechten Hand und viel Gefühl kreisförmig in dem Loch herum.  Und zwar so, daß *allmählich* immer mehr Mehl vom Innenrand des Loches abfällt und sich mit dem Wasser verbindet. Wenn alles Wasser »gebunden« ist, d. h., wenn es nicht mehr flüssig ist, kratzt ihr das restliche Mehl zusammen und verknetet alles zu einem Teig. Dieser Teig muß fest, aber auch gut knetbar sein, also nicht hart wie Larry. Ist das der Fall, gebt *vorsichtig* einen Schluck Wasser nach.

Irgendwann ist jeder Teig fertig, oder ihr seid

39

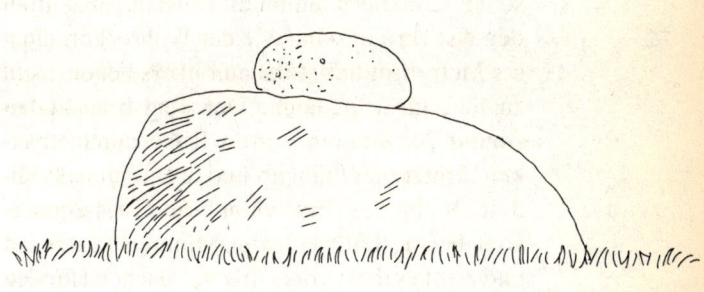

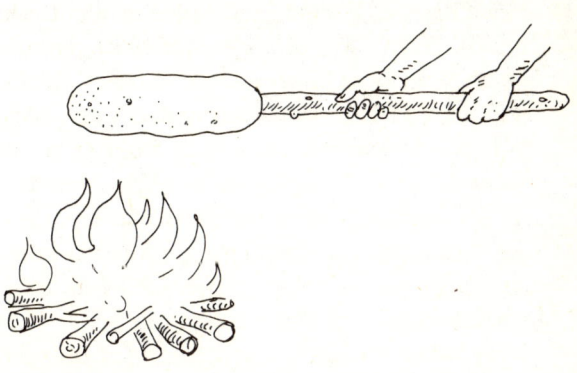

es. Jeder nimmt sich seinen Anteil und zieht ihn über einen frischen, abgeschälten und faustdicken Ast, wie einen Socken über den Fuß. (Zeichnung Nr. 39) Auch dieser Ast sollte mindestens einen Meter lang sein. Damit der Teig nicht an euren Händen kleben bleibt, sondern am Holz, taucht die Hände in Wasser. Aber nicht zu oft, sonst wird der Teig wieder weich und tropft wie eine Kerze in die Flammen. Mit den feuchten Händen glättet ihr den Teig. Er sollte schließlich dünn und gleichmäßig über den Ast verteilt sein. Wie der Wollsocken. Dieses Meterbrot haltet ihr nun übers Feuer, nicht zu tief, nicht zu hoch. Der Teig braucht bestimmt 20 Minuten, um in Ruhe durchzubacken. Stützt den Pfahl ab und dreht ihn jede Minute. Wenn das Brot schön braun ist, nehmt es vom Feuer. Laßt es zehn Minuten auskühlen und zieht es dann vorsichtig mit flachen Händen und leichter Drehbewegung vom Stock.

48. Mahlzeit Nr. 2

Nach dem Fisch und Brot
tät' ein Schokopudding not.

Und der geht wie folgt:
Pro Teilnehmer
¼ Liter Milch
1 gehäuften Eßlöffel Zucker,
die obligatorische Prise Salz
1 Stich Butter und
1 Eßlöffel Kakao
Alles muß ständig gequirlt werden. Sobald es kocht, werden 20 g Mehl eingerührt, das vorher mit kalter Milch glattgerührt worden ist. Ihr laßt den Pudding kurz aufwallen, nehmt ihn vom Feuer und laßt ihn erkalten. Als Soße schmeckt Sahne sehr lecker.

49. Lebensmittel konservieren und lagern

Mitunter hat man das Glück, an mehr Nahrung zu gelangen, als man essen kann, trotz aller Verfressenheit. Der Wald ist voller Früchte und Pilze, der Fluß voller Fische und klaren Wassers – und ihr seid plötzlich voller Sorge, ob dieser Reichtum anhält, wenn ihr weiterwandert. Würde er anhalten, hättet ihr keine Probleme. Ihr würdet euch täglich frische Pilze und Beeren pflücken, und das Wasser und die Fische ebenfalls frisch zu den Mahlzeiten schöpfen und fangen. Aber vielleicht müßt ihr das gesegnete Gebiet verlassen. Oder ihr habt ein Dauercamp und der Winter steht vor der Tür. Also heißt es sammeln, horten, raffen und vor Verderb schützen, haltbar machen.

Die beste *Kurz*zeitmethode für Nahrung ist: aufessen. Was man hat, das hat man. Auf Vorrat zu trinken hingegen bringt nicht viel. Vor allem nicht, wenn's heiß ist, und nur dann spielt Durst die große Rolle. Denn wenn man sich mit Flüssigkeit vollpumpt, schießt der Körper es aus allen Poren wieder hinaus. Er ist wie ein Sieb. Hier hilft also nur: Behälter machen und schlückchenweise trinken. Genauso wichtig ist die *Vorbeugung* gegen Durst: weite Garderobe anziehen. Möglichst zwei Lagen oder helle, reflektierende Baumwollstoffe bevorzugen. Ferner Schatten schaffen und sich nicht unnötig bewegen.

Gibt es zumindest Salz-, Brack- oder Schmutzwasser, dann haltet eure Garderobe damit feucht. Die entstehende Verdunstungskühle wird euch enorm erfrischen, und ihr müßt nicht trinken, schwitzen und mit Hilfe der Transpiration auf 37 °C auskühlen.

Wieviel Unterschied das im Wasserbedarf ausmacht, mag euch ein Selbstversuch zeigen, den ich vor Jahren im Gefängnis von Aqaba (Jordanien) durchgeführt habe. Es stand reichlich Trinkwasser zur Verfügung, und ich konnte mir das Experiment ohne Risiko erlauben. Einen Tag lang habe ich mit entblößtem Oberkörper in praller Sonne gearbeitet (Temperatur im Schatten 38 °C). Ich habe 18 Liter Wasser getrunken und konnte zusehen, wie es sofort wieder aus allen Poren herausschoß. Ich kam mir vor wie ein undichtes Gefäß. Am nächsten Tag habe ich mich sinnvoll angezogen, die Garderobe naßgehalten und mich nur im Schatten bewegt: Da genügten zwei Liter Wasser. Auch bei meiner Atlantik-Überquerung in Äquatornähe kam ich mit $1^{1/4}$ Litern pro Tag aus, wenn ich meinen Overall mit Salzwasser naß hielt.

Lebensmittel jedoch macht man zunächst durch Kochen haltbar. Der Schutz währt einen oder mehrere Tage. Abhängig vom gekochten Produkt (Milch, Fisch, Fleisch...) und der Außentemperatur (Sommer, Winter...). Denn folgendes passiert beim Verderb: Bakterien zersetzen die Nährstoffe. Dazu brauchen sie neben den Nährstoffen Feuchtigkeit, Sauerstoff und Wärme. Erst bei über 50° beginnen einige Arten zu sterben. Sicher ist aber nur längeres Kochen, also Erhitzung auf 100 °C. Oder man entzieht ihnen die Feuchtigkeit, das heißt, die Lebensmittel werden getrocknet. Hat man genügend Zeit, macht man es im Schatten, freihängend oder flach ausgebreitet auf sauberem Untergrund (Zeltplane, Zeitung, Steine...), und man muß alles in dünne Streifen schneiden. Hat man die Zeit nicht, hechel-hechel, deutsch-deutsch, kann man »auf die schnelle« in der Sonne trocknen, über dem Feuer oder in der Pfanne.

Abschließend muß die Trockenware luftisoliert verpackt werden. Besteht diese Möglichkeit nicht, nimmt das Lebensmittel wieder Luftfeuchtigkeit auf und wird irgendwann doch verderben. Das gilt besonders für den Regenwald. Dort gibt's Luftfeuchtigkeit und Wärme wie in einer Waschküche. Und entsprechend schnell verdirbt alles. Hier muß man entweder täglich nachtrocknen (über dem Feuer), oder man konserviert Fleisch und Fisch durch Räuchern. Denn Rauch, Holzkohle, Asche... das sind Dinge, die die Bakterien nicht leiden mögen. Ich sagte es bereits, da bleibt ihnen förmlich die Luft weg. Ihr seht's beim Schinken. In unseren Breiten hält er sich monatelang. Wie schnell und heiß geräuchert wird, wißt ihr bereits vom Kapitel mit den Fischen.

Eine andere, oft durchgeführte Methode, Fleisch und Fisch zu konservieren, ist das Einsalzen (Pökeln). Wie beim Trocknen wird das Fleisch in dünne Scheiben geschnitten und beidseitig dick mit Salz bestreut. Zum einen entzieht das Salz dem Fleisch Wasser, zum anderen ist Salz – im Gegensatz zum Zucker – bei Bakterien genauso verpönt wie Rauch und chemische Konservierungsstoffe. Um dieses Fleisch wieder genießbar zu machen, wird es zunächst in Wasser gelegt, das so oft fortgeschüttet und erneuert wird, solange es noch zu salzig ist.

So gärungs- und verderbnisfördernd *etwas* Zucker ist, so hemmend wirkt er, wenn sein Anteil größer wird (eins zu eins). Obst, das mit gleichen Teilen Zucker langsam aufgekocht wird, geliert zu Marmelade, und die ist lange Zeit haltbar. Ob ihr selbst aber bei ständigem Zuckergenuß noch lange haltbar bleibt, ist eine Frage der sonstigen Ernährung. Gelegentlich mal zu sündigen, wird kaum jemand vermeiden können. Aber es ist nur dann erlaubt, wenn ihr euch im übrigen vollwertig ernährt und nach *jeglichem* Essen (und sei es nur ein Stück Obst) sofort die Zähne putzt. Denn merke: Ein sauberer Zahn wird nicht krank.

Die so haltbar gemachten Lebensmittel müssen auch sorgfältig gelagert werden, sonst ist alles umsonst gewesen. Das kann sein in verschraubbaren Behältern, in luftigen Baumwollbeuteln, in sauberen Holzkisten... Wichtig ist, daß weder große Lebewesen (Bären, Menschen...) noch kleine (Insekten, Bakterien...), noch schlechte Gerüche, Staub, Licht, Hitze oder Feuchtigkeit an die Lebensmittel gelangen können.

In eurem Fünf-Tage-Camp wird das Abstellbord zum Lagern ausreichen. Seine vier Füße sind angekohlt (gegen bodenkriechende Kletterinsekten), es steht im Schatten, und die Behälter sind gegen Regen geschützt. Wo es Probleme mit Ratten gibt, werden die duftenden Vorräte mittels Seil an Bäumen unerreichbar hochgezogen. Hilft auch das alles nichts, müßt ihr eben Wache schieben. Vielleicht stellt ihr dann fest, daß es gar nicht der böse Wolf war, der die Vorräte dezimiert hat, sondern der liebe Alwin im Schlafsack neben euch. Dann macht Rauchfleisch aus ihm!

50. Feuer Nr. 2

Für diese Art, Feuer zu machen, benötigt ihr die mitgebrachte Metalldose mit dem mehrschichtig gelegten, angekohlten Baumwollstoff. Diese Möglichkeit ist kaum schwieriger als die Glycerinmethode. Ihr öffnet die Schachtel, haltet den Flintstein – mit dem Handschuh – in der linken Hand: Handrücken nach unten, Flint nach oben, sichtbar und über die Fingerkuppen hinausragend. Mit dem Rücken eines billigen Eisenklingentaschenmessers, das ihr in der rechten Hand haltet, schlagt ihr von oben nach unten (in Richtung Schachtel) auf den Flint! Und zwar so, daß die Funken auf den Zunder (den angekohlten Baumwollstoff) spritzen. Schon der erste und kleinste wird ausreichen, ein Glutnest zu entfachen, wenn ihr sofort draufblast. (Zeichnung Nr. 40)

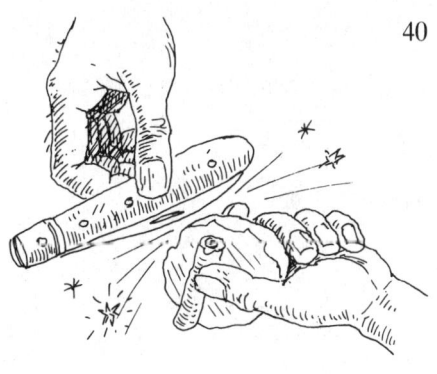

40

Ist der Glutvorrat groß genug, gebt weiteren Zunder aus eurem Zunder-Wunder-Sack darauf und schließlich Stroh, Papier, Holzspäne. Klar, daß dies alles vorher parat liegt, daß man sich einen windgeschützten Ort sucht oder baut und auch der endgültige Holzstoß schon vorbereitet ist.

51. Zaubertrick Nr. 2: Die Sache mit dem Messer

Verblüffend, kein Gewicht, international verständlich. Umringt und überall vorführ- und wiederholbar: der Trick mit dem Messer und den Papierschnipseln. Denn ich gehe davon aus, daß ihr stets ein Messer dabei habt oder dort eines findet, wo ihr den Trick vorführen wollt. Und ein Stück Papier ebenfalls.
Der Zuschauer sieht folgendes: Ihr klebt auf eine Messerklinge drei Schnipsel Papier mit viel Spucke. Wen das stört, den fragt meinetwegen, ob er beim Kuß auch so pingelig ist (mit 'nem Gruß von mir). Dann fahrt ihr unbeirrt fort und beklebt auch die andere Klingenseite mit drei Schnipseln. Schön hintereinander. Zur Kontrolle zeigt ihr sie noch einmal vor: »Hier drei Stück und da drei Stück.«
Nun nehmt ihr – für jeden deutlich sichtbar – auf jeder Seite ein Schnipselchen weg. Es bleiben also zwei auf jeder Seite übrig, die zweimal vorgezeigt werden. Wieder wird auf jeder Klingenseite ein Papierstück entfernt. Und was bleibt übrig? Na? Was hattet ihr in Mathe? Richtig: je eins haftet nur noch. Dann werden auch die letzten zwei entfernt. Nun ist weder links noch rechts ein Papierrest vorhanden. Die Klinge ist leer. Hier wie da. Das wird auch gern dreimal vorgeführt. Doch dann haucht ihr kurz über die Klinge, und plötzlich sind alle sechs Schnipsel wieder da! Sowohl hier als auch dort. Gern zeigt

ihr es mehrmals vor. Dann streift ihr endgültig alle sechs Papierchen ab, und der Trick ist vorbei.
Aber wie funktioniert er? Soll ich ihn euch verraten? Obwohl er zwanzig Mark wert ist, dieses Büchlein aber weniger kostet (haarscharf durchkalkuliert), und mein Anteil daran nur einen Bruchteil beträgt? Ich müßte ja verrückt sein, wenn ich's tue! Glatter Selbstmord, Beginn meiner Verarmung. Stellt euch nur vor: Ich will nächstes Jahr diesen Trick den Beduinen in der Nefud-Wüste vorführen. Und die Jungs gucken gar nicht hin, gähnen, schlafen ein und schmeißen mich sogar raus, weil ihr einen Mond vor mir dagewesen seid und ihn ebenfalls zum Besten gegeben habt? Und weil ihr ihn – wider alle Spielregeln – sogar verraten habt. Unbeschreiblich. Ich würde vor Wut zwei Fingernägel abkauen. Wollt ihr das? Nein. Wollt ihr trotzdem den Trick erfahren? Ja. Dann aber nur wegen meiner sozialen Einstellung und nur, wenn mir die alleinigen Aufführungsrechte für die Nefud-Wüste vorbehalten bleiben. Ehrensache, Inschallah, also denn:
Grundsätzlich kann man fast jedes Messer nehmen. Aber ideal sind solche, die relativ symmetrisch aussehen und eine schmale Taille am Griff haben.
Zu Beginn der Vorstellung reißt ihr euch aus einer Zeitung oder Serviette viele Papierschnipsel. Ihr braucht zwar nur sechs Stück, aber ihr macht euch mindestens zehn, etwa erbsengroß. Sie sollten entweder alle weiß oder alle bedruckt

sein. Auf keinen Fall solltet ihr bedruckte *und* weiße verwenden.

Nun habt ihr die Schnipselchen vor euch auf dem Tisch liegen. Ihr feuchtet die eine Klingenseite dick mit Speichel an und klebt den ersten Schnipsel darauf. Er muß gut haften. Deshalb *viel* Spucke nehmen. Bei jedem Papierchen wird neu gespuckt. Kein Schnipsel darf seitwärts überstehen.

Sobald die eine Klingenhälfte beklebt ist, befestigt ihr auf der anderen Klingenseite ebenfalls drei Schnipsel, irgendwie symmetrisch zu den ersten dreien. Schließlich habt ihr sechs Schnipsel aufgeklebt. Und dann beginnt die Vorführung. Am besten, ihr *stellt* euch vor die Zuschauer hin. Ihr faßt das Messer mit Zeigefinger und Daumen der rechten Hand (bei Rechtshändern). Der Messergriff liegt locker in eurer Handfläche, und die Klinge zeigt nach oben. (Zeichnung Nr. 41) Ihr fragt das Publikum: »Kann so jeder die Schnipsel sehen?« Wenn nicht, sollen sie sich so aufstellen, daß sie sie gut beobachten können. Ihr wiederholt noch einmal (um den Trick etwas länger zeigen zu können): »Ihr könnt die drei Schnipsel gut sehen?« Wenn das alle bestätigt haben, erkundigt ihr euch: »Und diese anderen drei Schnipsel ebenfalls?« Dabei habt ihr das Messer gewendet. Und diese Wendetechnik ist der große Trick. Ihr zeigt den Leuten nämlich nicht wirklich die andere Seite, sondern, mit einer geschickten 360-Grad-Drehung immer dieselbe Seite.

Wie schon gesagt, ihr faßt das Messer an der

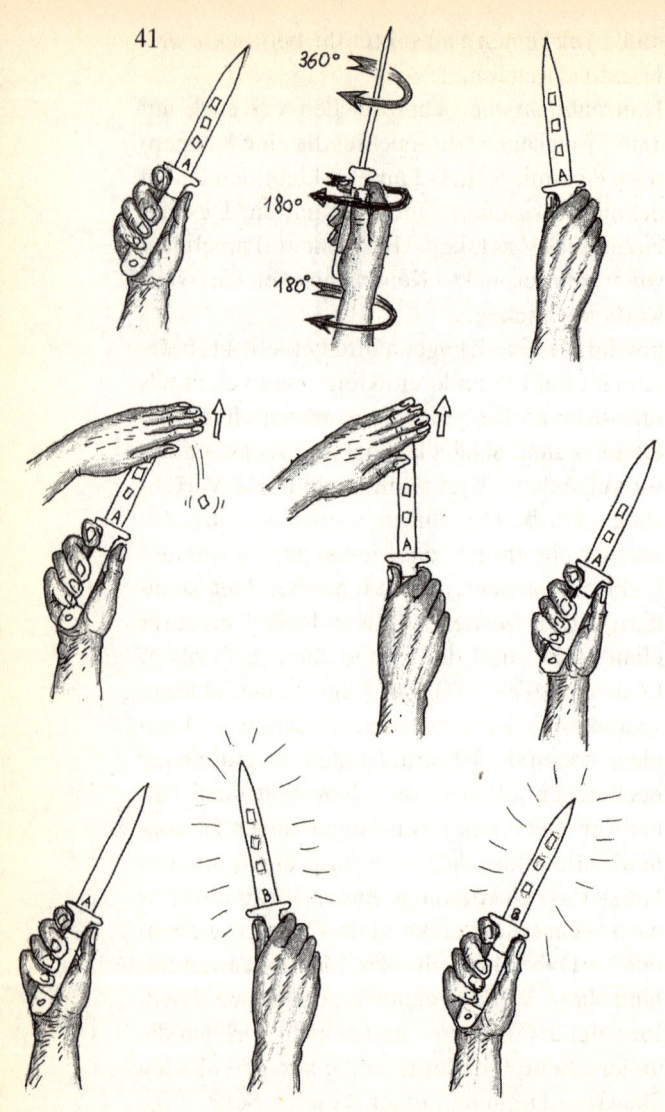

Taille mit dem Daumen und Zeigefinger. Die Handfläche weist nach oben. Dann dreht ihr die Hand im entgegengesetzten Uhrzeigersinn um 180°. Nach dieser Bewegung ist der Handrücken nach oben gerichtet. Die Bewegung geschieht etwa so schnell wie ihr eine Kelle voll Suppe auf einen Teller entleert. Also nicht etwa mit 'nem Affenzahn.
Während dieser 180-Grad-Bewegung der Hand passiert dann der optische Bluff. Sobald die Klinge senkrecht steht, auf 90° – aber nicht unterbrechen! –, dreht ihr das Messer mit dem Daumen und dem Zeigefinger zusätzlich um weitere 180° (das geht blitzschnell) in derselben Richtung, also im entgegengesetzten Uhrzeigersinn. Wenn die Hand dann ihre 180-Grad-Kurve beendet hat, hat das Messer 360° hinter sich, und es weisen dieselben Schnipsel nach oben wie vorher.
Genau der gleiche Vorgang wird nun rückwärts vorgeführt. Den Handrücken diesmal im Uhrzeigersinn um 180° zurückdrehen und dabei auch die Klinge mit den Fingern um weitere 180° drehen. Dabei sagt ihr: »So, ihr habt's ja gesehen. Es befinden sich sowohl auf dieser als auch auf der anderen Seite je drei Schnipsel.« Das wird euch jeder bestätigen, denn er war ja zugegen, als ihr die sechs Papierchen aufgeleimt habt. Und noch einmal wendet ihr die Klinge hin und einmal her, um es zu wiederholen. »Hier drei und dort drei.«
Das Messer befindet sich nun wieder in der Grundhaltung. Handfläche nach oben. »Jetzt

nehme ich hier ein Schnipselchen fort.« Während ihr das sagt, wischt der Daumenballen der linken Hand – vom Körper weg – über das Schnipselchen vorn auf der Spitze und reibt es ab. Das macht ihr so schnell wie eine Butterbrotbestreich-Bewegung. Jeder soll es gerade noch deutlich sehen können. Das Schnipselchen fällt auf den Tisch, irgendwo zwischen die, die ihr vorher absichtlich zuviel abgerissen habt. Und das wiederum habt ihr getan, damit niemand nachzählen kann, wie viele Schnipsel ihr wirklich wegnehmt. Denn jetzt, beim zweiten Schnipsel, *tut* ihr nur so. Ihr sagt: »Und auch auf der anderen Seite nehme ich eines weg.« Mit der eingeübten Bewegung dreht ihr das Messer aber wieder cool gegen die Uhrzeigerrichtung – um 360°. Doch nun aufpassen! Damit niemand sieht, daß ihr wieder die 2er-Seite (A-Seite) oben habt, haltet ihr in dem Moment, wo die A-Seite nach oben weist, bereits den Daumenballen dicht über die Klinge und *tut* so (wie eben, als es echt war), als *ob* ihr den vorderen Schnipsel auf der »anderen« Seite abreiben würdet. Um es echter zu gestalten, kribbelt ihr nach dem »Abreiben« des Papierchens zwei-, dreimal kurz mit allen fünf linken Fingern über den linken Handballen, so, als klebe das Papierchen daran fest und ihr wolltet es mit der Fingerbewegung lösen, damit es auf den Tisch fällt. Das tut es dann auch scheinbar. »So – nun haben wir nur noch auf jeder Seite zwei Schnipsel.« Ihr »beweist« es, indem ihr die zwei Schnipsel in Ruhe zeigt, das Messer um 360° wendet und auch die

»andere« Seite zeigt. In Wirklichkeit also dieselbe Seite, die A-Seite.
Alles, was ihr tut, passiert also nur auf einer Seite: einmal echt, einmal getürkt (nichts gegen Ausländer, aber das heißt nun mal so). In der gleichen Weise nehmt ihr dann Schnipsel Nummer zwei weg. Einmal echt, einmal gebluff. Hin- und herzeigen, gerne noch einmal. Dann das dritte von links und das dritte von »rechts«. Und schließlich ist die Klinge leer, sowohl links als auch »rechts«. Ihr zeigt es zweimal vor, damit es jeder glaubt.

»So«, sagt ihr, »jetzt blase ich einmal über die Klinge.« Während ihr das tut, führt ihr in Richtung zum Publikum eine »stechende« Bewegung durch. Das heißt, euer Arm mit dem Messer und der leeren Klingenseite nach oben schnellt vor und wird in diesem Augenblick um nur 180° gedreht, und nur mit den Fingern. Das geht so schnell, daß das Auge es nicht wahrnimmt. Nun weisen erstmals die unberührten drei Schnipsel nach oben. »Und plötzlich sind hier wieder 3 Schnipsel...« Während die Leute noch staunen, macht ihr erneut die 360-Grad-Bewegung, zeigt dieselbe Seite ein zweites Mal vor, und jeder glaubt, auch auf der anderen Seite seien wieder drei Schnipsel. Für Skeptiker wiederholt ihr den Vorgang: die eine und die »andere« Seite. Wenn es jeder gesehen hat, daß auf »beiden« Seiten die jeweils drei Schnipsel neu erschienen sind, legt ihr das Messer zurück auf den Tisch. Dabei zieht ihr die Klinge einmal sanft zwischen Daumen und Zeigefinger der lin-

ken Hand hindurch, um die »sechs« Schnipsel endgültig von der Klinge zu streifen.
Damit ist die Nummer beendet. Wenn ihr sie vollständig beherrscht, versucht mal, sie noch etwas aufzumotzen, um sie verwirrender und länger zu gestalten. Denn – richtig durchgeführt – dauert der Trick nur ungefähr 60 Sekunden, vom Papierzerreißen bis zum Ende, trotz dieser langen Beschreibung.
So könntet ihr vor dem »Wiedererscheinenlassen« z. B. ein paar der Schnipsel vom Tisch in den Mund stecken, gut durchkauen, aufessen, einen Schluck trinken und dann so tun, als hauchtet ihr genau diese Papierchen zurück auf die Klingenseiten. Wer aus dieser Nummer die beste Sequenz komponiert, kriegt von mir eine Ausnahmegenehmigung für die Nefud-Wüste.

Der dritte Tag

52. Bau von Fallen

Nie vergesse ich meine erste Falle. Sie galt keinem Tier, sondern einem Manne, der uns als Kinder ständig schikanierte. Er wohnte in einem Gartenhäuschen, zu dem es zwei Zugänge gab. Auf dem seltener benutzten hoben wir eine Fallgrube aus. Den Aushub trugen wir in Eimern fort, damit dem Mann die Erdarbeiten nicht gleich auffielen. Dann füllten wir die Grube mit schlammigem Wasser und deckten sie sorgfältig ab. Zu guter Letzt streuten wir lose Blätter auf die Abdeckung. Da es Herbst war und überall auf dem Weg Blätter lagen, fiel das nicht auf.
Um das Opfer wirklich hineinplumpsen zu lassen, spannten wir noch quer über den Weg einen fast unsichtbaren Stahldraht. In der Dämmerung schließlich schlich ich durch den Garten zum Haus hin und klingelte.
Der Mann öffnete, ich zeigte ihm meine Zunge, und es klappte wie erhofft. Er wollte mich verprügeln. Ich sprang zur Seite und lief in Richtung Falle davon, er hinterher. Dann war die Grube erreicht. Ich machte einen Sprung, um darüber hinwegzusetzen. Aber da passierte es. Entweder war ich im glitschigen Laub ausge-

rutscht, oder ich hatte den Draht vergessen: Ich stolperte, und statt seiner landete ich in meiner eigenen Falle. Und da hatte er mich bereits am Kragen. Ich erwartete ein paar Ohrfeigen und ein Riesengeschrei. Statt dessen sah ich ihn zum erstenmal lachen. Er ließ mich los und sagte: »Ja, ja. Wer anderen eine Grube gräbt...« Sprach's und ließ mich einfach stehen.
Und damit kommen wir zur Sache.
Frisch gestärkt durch Frühsport und -stück geht's heute als erstes an den Bau von Fallen. Denn wenn wir wieder zurückkommen auf unseren Ernstfall, kann es sein, daß ihr tagelang ohne Kontakt zur Zivilisation seid und irgendwann nach anderer Nahrung verlangt als nach Wildgemüsen und Tees, die letztlich nur wenig an Nährstoffen bieten. Auch Fisch ist nicht überall vorhanden, aber vielleicht Fleisch, und sei es nur in Form von Mäusen. Sie schmecken sehr gut. Laßt's mal auf einen Versuch ankommen. Zumindest sind sie ein guter Köder für andere Tiere.
Da gibt es zunächst die fast überall praktizierbare Methode, Mäuse in der Fallgrube zu fangen. Dazu gräbt man ein 60–70 cm tiefes Loch vom Durchmesser eines Eimers. Die Wände müssen glatt sein und sollten sich nach oben verjüngen. (Zeichnung Nr. 42) Unten legt ihr ein wenig welkes Laub hinein, damit die hineinfallenden Tiere sich verstecken können.
Im Gegensatz zu Fallgruben für größere Tiere wird das »Mauseloch« nicht zugedeckt. Statt dessen wird ein Draht stramm über die Öffnung

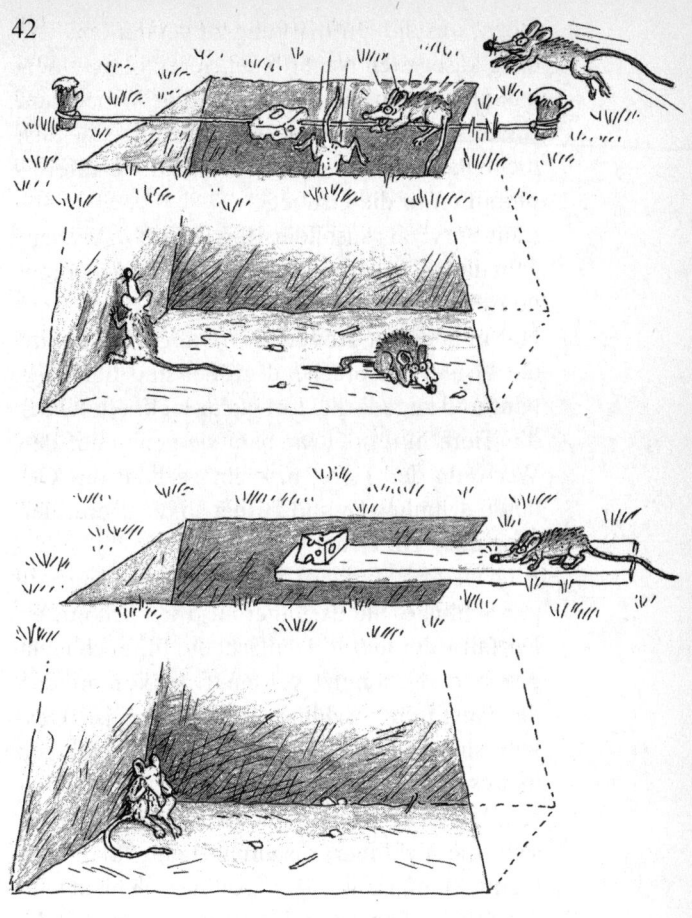

gespannt, auf dem man ein würfelgroßes Stück Käse oder/und angeräucherten Speck steckt, die nun verlockend mitten über dem Loch hängen. Statt des Drahtes eignet sich auch eine Wippe. Unten in die Grube kann man, sofern reichlich vorhanden, weiteres Ködermaterial

legen, um die Duftwirkung zu verstärken. Die ewig käsegeilen Nager balancieren ohne Überlegung an dem Draht oder auf der Wippe zum Käse! Aber kaum sind sie da, können sie sich nicht mehr halten und – ihr habt's erraten – plumpsen in die Grube.
Laut Survival-Ausbilder Bernd Tesch, Aachen, geht das auch gut mit einem in die Erde gegrabenen Eimer.
Hat man es auf größere Tiere abgesehen, wird die Grube entsprechend größer und tiefer gebaut und zugedeckt. Entweder lockt ein Köder die Tiere hin, oder ihr baut sie genau auf den Wechseln der Tiere, bzw. ihr verbaut das Gelände drumherum und zwingt so die Tiere, den Weg über die Grube zu wählen.
Eine weitere, einfache Methode ist der Tierfang per Schlinge. Sie darf aber ausdrücklich nur im Notfall – der hier in Deutschland für euch nicht gegeben ist – benutzt werden. Dazu kommt, daß der Fang in der Schlinge Tierquälerei ist. Deshalb sind Fallen im allgemeinen und Schlingen im besonderen so oft wie möglich zu kontrollieren. Wichtig ist zunächst, daß die Öse, durch die sich die Schlinge zusammenzieht, klein ist. Denn, einmal zugezogen, soll sie sich nicht wieder öffnen. Ferner ist darauf zu achten, daß die Öffnung nicht zusammenfällt. Sie muß mit Gras oder leichten Fäden offengehalten werden. Und drittens ist das Gelände neben der Schlinge zaunartig so zu verbauen, daß die Tiere zwangsläufig nur durch das Loch mit der Schlinge hindurch können. Oder die Schlinge wird in einem

Höhleneingang aufgespannt. Eine Schlinge darf auch nicht bis auf den Boden reichen. Sie muß so hoch angebracht werden, daß das Tier mit Kopf und Brust hindurchgeht, nicht aber mit den Füßen. Ideale Aufstellorte sind Löcher in Zäunen oder typische Wildwechsel (Wildpfade). (Zeichnung Nr. 43)

In wenig oder nicht bewachsenen Gegenden bringt solche Schlinge jedoch nichts. Die Tiere

43

werden das Fallenhindernis umgehen, oder ihr müßtet endlos lange Leitgatter bauen, um sie hineinzudirigieren. In solchen Landstrichen lockt man die Tiere deshalb mit einem Köder zur Schlinge. Eine solche beköderte Schlinge kann dann, wie auf der Zeichnung (Nr. 44) erkennbar, gebaut werden.

Um die Wirkung einer Schlinge zu erproben, fangt ihr jedoch kein Tier, sondern macht etwas ganz Besonderes, eine echte Premiere, der Hammer für euer Video. Ihr erprobt sie an euch selbst! Dann könnt ihr auch am ehesten nachempfinden, wie qualvoll solch ein Ende sein muß, und ihr werdet nie eine Schlinge zum Scherz spannen.

Abschließend eine Fallenvariante. Die Totschlagfalle mit einem Stein oder einem schwe-

44

45

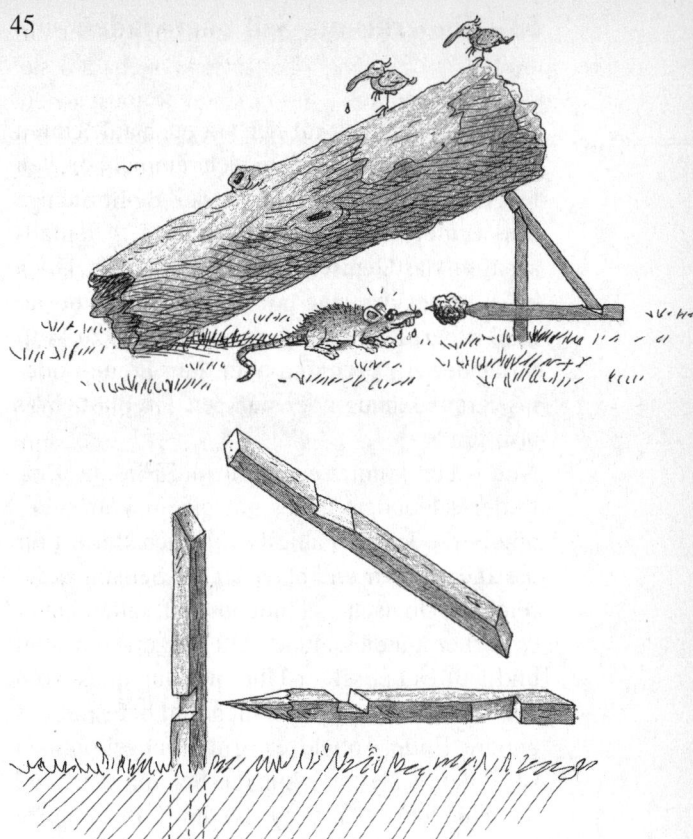

ren Stamm. Sie wird besser als mit Worten von Marians Zeichnung (Nr. 45) erklärt. Das Auslösesystem sieht aus wie die Ziffer »4«. Mit dieser Gedächtnisstütze kann man es sich am besten merken. Aber auch diese Falle erprobt ihr nur mit eurem Fuß.

53. Hindernis am Seil überwinden

Eine tiefe Schlucht tut sich vor euch auf. Unten tost ein Wildbach, in dem nicht einmal Forellen leben wollen. Niemals kann der Beinbrüchige dort runter, durch und wieder rauf. Allenfalls schaffen das Gemsen, Lachse und Geier. Doch er ist weder das eine noch das andere, aber er muß rüber. Denn nur dieser Weg führt zu Muttern oder zur Freundin oder zum Freund oder ins Krankenhaus oder auf den Friedhof. Was also tun?
Nun – jetzt kommt euer Seil zum Einsatz. Entweder schleudert ihr es mit einem Wurfanker hinüber, oder der Fähigste von euch klettert für die anderen vor und befestigt das Seil am anderen Ufer. Je nach Geländebeschaffenheit hat er es vorher am diesseitigen Ufer bereits befestigt und läßt es bei seiner Überquerung quasi vom Rücken (Rucksack) abspulen und befestigt das andere Ende, sobald er drüben angekommen ist. Oder er klettert ohne das Seil hinüber, und ihr schleudert es ihm zu. Ist die Entfernung zu groß, nehmt euer *dünnes* Perlonseil. Am vorderen Ende befestigt ihr einen Stein, am hinteren das Bergsteigerseil. Dann werft ihr den Stein hinüber. Euer Klettermaxe drüben fängt es auf, zieht damit das dicke Seil zu sich hinüber und befestigt es an einem Baum oder Bergsteigerhaken, je nach Gelände.
Theoretisch könntet ihr nun hinüberklettern. Wenn die Schlucht jedoch tief ist, wird euch die

»Muffe« gehen, etwa 1 : 920. Ihr wißt zwar, daß das Seil unzerreißbar ist, aber ihr wißt nicht, wie zuverlässig ihr selbst seid. Ihr stellt euch vor, wie es wäre, wenn euch auf halber Strecke die Kräfte verlassen. Womöglich ist die Schlucht felsig und nicht einmal mit einem gnädigen Wasser gepolstert. Bereits bei dem Gedanken bekommt ihr nasse Hände. Aber tröstet euch, das geht jedem Anfänger so. Also üben wir vorher, sichern uns gegen den Absturz und nehmen ein Zugseil und eine Rolle zu Hilfe. Zu Übungszwecken spannt ihr das Seil zwischen zwei Bäume, so stramm es geht und zwei Meter hoch. Dann schwingt ihr euch drauf. Das linke Bein hängt links herunter und wird angewinkelt, der linke Fuß klinkt sich im Seil ein. Das rechte Bein hängt einfach runter, es bleibt beweglich, um die Balance zu halten. (Zeichnung Nr. 46)

Diese Überquerungsmethode ist die kraftsparendste. Wenn man ermüdet ist, kann man sich ausruhen und muß nicht, wie bei der Überquerung *unter* dem Seil, auch immer noch sein Eigengewicht halten. Erst wenn ihr diese Überquerung ein paarmal geschafft habt, wagt ihr euch an das höhere Seil am Fluß. Für alle Fälle schnallen sich die jeweiligen Überquerer den Brustgurt um und klinken sich mit kurzer Seilschlinge und Karabiner ans Seil oder in die Rolle am Seil ein. Zusätzlich kann man am Brustgurt ein Zugseil befestigen, dessen anderes Ende man vorher, wie beim Überquerungsseil, hinübergeworfen hat. Falls der Überquerer Schwierigkeiten bekommt, kann er Zughilfe er-

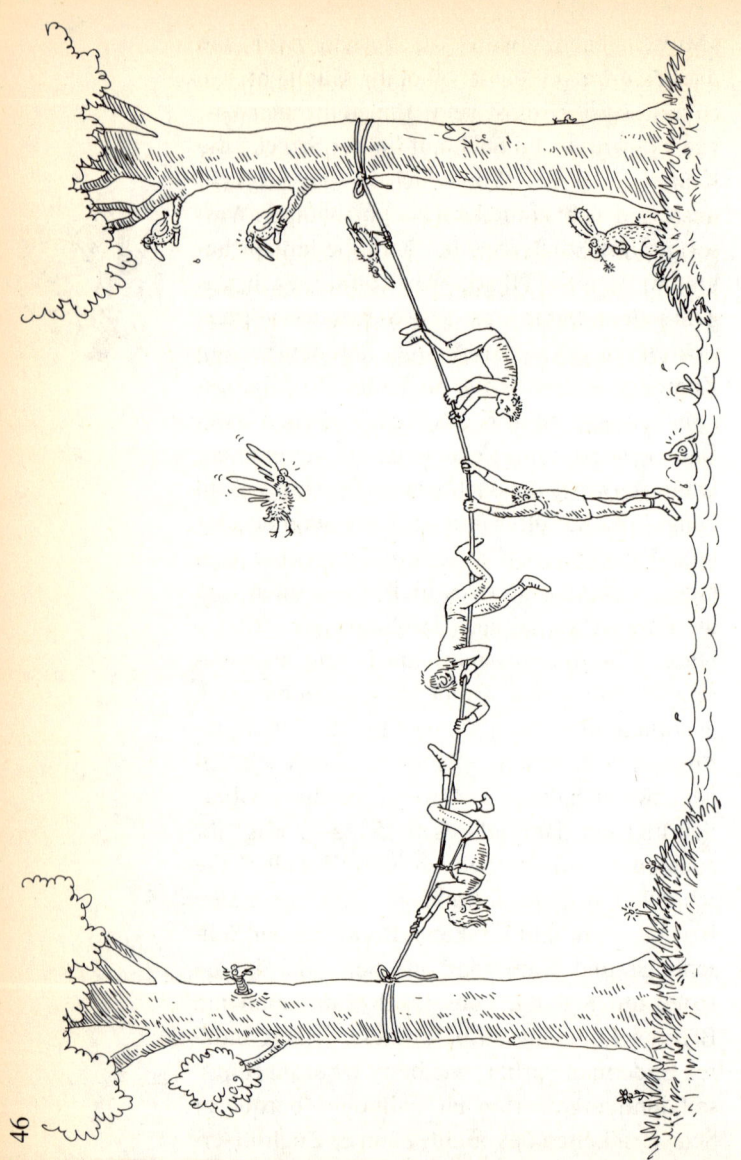

halten. Je nach Gelände ist es ratsam, das Überquerungsseil mit bestmöglichem Gefälle und so stramm wie möglich nach drüben zu spannen. Das erleichtert die Aktion erheblich. Trotz aller Spannkünste ohne zusätzliche Flaschenzüge wird euer Seil bei Belastung immer durchhängen, weil es elastisch ist. In optimalen Fällen kommt man bei Gefälle per Rolle sogar ohne Eigenarbeit drüben an. Das ist besonders dann wertvoll, wenn man Verletzte, Ängstliche und Schwache rüberbringen muß. Aber ob schlapp oder stramm: man kommt so oder so drüben an.

Wer diese Übung erschweren will, klettert mit vollem Rucksack, traversiert *unterm* Seil in Hängeposition oder versucht, von drüben nach hüben – also *bergan* – zu klettern, oder er versucht es im Schimpansen-Hangelgang.

54. Das Aufseilen

Ihr baut euch wieder einen Wurfanker. Ihr befestigt ihn an eurem Kletterseil (per Palstek) und werft ihn an einem Baumstamm hoch über einen Ast. So oft, bis sich der Anker verfangen hat. Zwei Seile à 300 cm knotet ihr zu zwei Ringen (Achtknoten), die dann per Prusikknoten am Steigseil (das mit dem Wurfanker) befestigt werden. (Zeichnung Nr. 47) Ihr steigt mit einem Fuß in die untere Schlinge und schiebt die andere so hoch, daß ihr sie mit dem zweiten Fuß gerade noch erreicht. Dann verlagert ihr euer Körpergewicht in diese zweite Schlinge. Die andere wird dadurch entlastet und läßt sich leicht am Seil bis unter den Prusikknoten der anderen Schlinge hochschieben. Und so geht es nun im Wechsel weiter, Meter um Meter. Bei hohen Bäumen kann man sich zusätzlich mit einem dritten Ring um Körper und Baum sichern. Für  Anfänger empfiehlt es sich außerdem, das untere Ende des Steigseils an Stamm oder Wurzel festzubinden bzw. von den Begleitern halten zu lassen, weil es sonst passieren kann, daß man spiralartig um den Baum herumtrudelt. Der Abstieg erfolgt entweder in umgekehrter Weise, oder man seilt sich ab. Wie das geht, verrät das nächste Kapitel.

47

55. Das Abseilen

Oft kommt man gut hinauf auf den Baum, den Berg, das Dach. Und dann sitzt man oben, ist vielleicht noch einen Moment lang stolz und glücklich über seine Leistung, und dann will man wieder hinunter. Und plötzlich erscheint einem alles schwindelerregend hoch oder tief, je nachdem. Jedenfalls kommt Angst auf. Der große Zitter- und Flattermann macht sich breit, man ist wie gelähmt. Die Beine, normalerweise stramm und selbstbewußt, werden gummiartig und knicken ein. Aber da hilft alles Zittern nichts. Weder Runterspringen noch Runterfallen sind die Lösung, es muß abgeseilt werden.
Ich gehe davon aus, daß ihr euren Vollkörper- oder Brustgurt tragt. Vorn, mitten überm Solarplexus, klinkt ihr einen Karabiner ein. Euer Seil werft ihr um einen genügend starken Baum oder zieht es durch einen verankerten zweiten Karabiner oder legt es um einen Felsen herum. Dort befindet sich auch jeweils die Seilmitte, die bei jedem Bergsteigerseil gekennzeichnet sein soll. Wenn das Seil nicht vom Hersteller her ab Mitte eine andere Farbe aufweist, markiert diese Mitte mit einem Stück Lassoband.
Ein Seilende wird unten irgendwo befestigt. Wie dann das andere, lose hängende Seil durch den Karabiner gelegt wird, zeigt die Zeichnung (Nr. 48). Durch den derart gelegten Halbmastwurfknoten entsteht bei Belastung so viel Reibung, daß ihr fast nicht mehr ins Rutschen kom-

men könnt. Greift nun mit der linken Hand ans Doppelseil oberhalb des Brustgurtkarabiners und mit der rechten unterhalb. Es genügt der geringste Druck der einen oder anderen Hand, um euch zu bremsen oder abzulassen.

Bevor ihr diese Übung gleich aus voller Höhe durchführt, übt sie erst einmal aus zwei Metern. Die Seilmitte kann beliebig hoch angebracht sein. Sagen wir, das Seil verläuft über einen starken Ast um einen Baumstamm herum in acht Meter Höhe. Mit Hilfe eurer Strickleiter (oder mit einer soliden Leiter, die der Bauer euch leihen wird) geht ihr auf zwei Meter Höhe und klinkt euch dort in das Seil ein und fahrt nur diese zwei Meter ab. Allmählich geht ihr höher, und erst wenn ihr ganz sicher seid, wagt ihr's von oben. Diese Abseilmethode hat noch einen interessanten Vorteil. Mit ihr lassen sich Verletzte und schweres Gepäck ohne Flaschenzug runterhieven. Sie werden oben eingeklinkt, und von unten regelt ein Helfer durch mehr oder weniger verstärkten Zug am Seil, ob die Last schneller oder langsamer runterkommen soll.

Wer weder einen Brustgurt noch einen Karabiner hat, seilt im Dülfersitz ab. Auch ihn lernen wir zuerst in der Horizontalen. Ihr werft das Seil um einen Baum und setzt euch rittlings darauf, so daß beide Enden gleichlang zwischen euren Beinen hindurchlaufen. Ihr sitzt quasi auf dem Seil mit dem Gesicht zum Baum. Nun fuhrt ihr das Doppelseil durch die Gesäßspalte über die linke Taille zur rechten Brust. Von dort über die rechte Schulter wieder hinter den Körper über

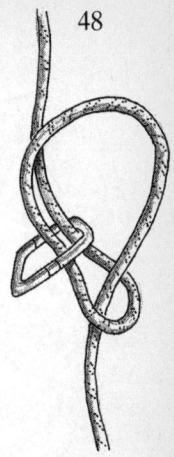

48

die Schulterblätter: vom rechten zum linken, zur linken Hand am ausgestreckten linken Arm. Mit dieser Hand reguliert ihr nun, ob ihr abrutschen oder verweilen wollt. Infolge der mehrfachen Reibungsstellen am Körper (hierbei dicker anziehen und Kragen hochklappen!) wirken diese wie eine Bremse. Was ihr nun noch mit der linken Hand zu tun habt, erfordert kaum Kraft. Mit der rechten umfaßt ihr das Doppelseil vor euch, vor euren Beinen, und lehnt euch mit ganzem Gewicht zurück. Solange ihr mit der linken Hand das Doppelseil festhaltet, kommt ihr nicht von der Stelle. Sobald ihr mal die linke, mal die rechte Hand lockert, rutscht ihr nach und nach vom Baum weg. (Zeichnung Nr. 49)

49

Wichtig ist hierbei, das Doppelseil in genau der richtigen Weise um den Körper zu legen. Dann ist genug Reibungs- und Bremsstrecke vorhanden, und ihr hängt gleichzeitig, gegen das Rauskippen gesichert, in den Windungen.
Wenn diese Übung klappt, sucht euch als nächstes einen schrägen Hang, dort wiederholt den Vorgang. Jetzt bekommt ihr bereits das Gefühl fürs Bergabseilen. Und schließlich könnt ihr es wagen, eine Zwei-Meter-Senkrechtwand abzufahren.  Denkt immer daran, den linken Arm weit vom Körper zu halten, so unlogisch das zunächst scheinen mag. Gut ist es, wenn ihr fast im Winkel von 70° zur Wand steht und euch mit gegrätschten Beinen ständig von der Wand abfedert.
Ihr werdet staunen, wie simpel diese Übung ist. Sie ist tatsächlich im Eigentraining zu erlernen und bestens geeignet, euch zu zeigen, was alles möglich ist, wenn man es einmal erklärt oder gezeigt bekommen hat.
Unten »im Tal« angekommen, holt ihr das Seil ein. Das ist möglich, weil ihr es ja nur lose um den Baum gelegt hattet. Sollte die Wand höher sein als euer halbes Seil, dann müßt ihr unterwegs ein Podest finden, auf dem ihr verweilen und neu beginnen könnt, oder – im Notfalle – knotet ihr es oben fest und laßt es in voller, einfacher Länge hinab. So gelangt ihr doppelt so tief, aber ihr müßt das Seil hängenlassen, weil ihr es nicht einholen könnt.
Ach so – noch etwas: Während der ersten Male – bei der Zwei-Meter-Übung – solltet ihr einen

Helfer unten postieren, damit ihr gegebenenfalls weich fallt.
Merke zum Trost: Bisher ist noch niemand oben geblieben. Also der Tip: Da kann man noch 'n neuen Weltrekord ansetzen.

56. Mahlzeit Nr. 3

Was haltet ihr heute von Kartoffelpuffern mit Apfelmus und/oder Brot? Dann heißt es: Kartoffeln schälen und reiben. Die Reibe hattet ihr euch ja selbst gebaut. Nun hoffen wir, daß sie funktioniert und hält. Je mehr Fleisch von euren Fingern ihr hineinreibt, desto gehaltvoller werden die Puffer. Nötig ist es jedoch nicht, denn sie schmecken ohne Fleisch viel besser.
Rechnet pro Teilnehmer folgende Zutaten: mindestens ein Pfund Kartoffeln, einen gestrichenen Teelöffel Salz, ein Ei, einen gehäuften Eßlöffel Mehl und eine geriebene Zwiebel. Das Ganze wird gut verrührt und kann sofort in einer heißen, gut gefetteten Pfanne gebacken werden. 1–2 Eßlöffel der Kartoffelmasse ergeben jeweils einen Pfannkuchen. Erst wenn die untere Seite goldbraun gebacken ist, darf gewendet werden. Vor dem Umdrehen wird erneut Öl in die Pfanne gegeben.
Ihr könnt nun Honig drübergeben, Apfelkompott und/oder Brot dazu essen. Jedenfalls sind Kartoffelpuffer immer ein schnelles und zünftiges Gericht.

57. Schwimmhilfen

Mal angenommen, es ist schönes Wetter, und der beste Heimweg ist der Fluß. Dann müßt ihr wissen, wie man mit wenig Kraftaufwand möglichst lange an der Wasseroberfläche bleiben kann. Ein solcher Weg kann auch Bedeutung erhalten, falls ihr jemals verfolgt werden solltet und keine Spuren hinterlassen wollt.

Für euer Team bieten sich zunächst mal die Tragekanister als Schwimmhilfe an. Bindet zwei mittels einer langen Stange zusammen, und die

beiden Besitzer – und problemlos auch weitere Schwimmer – können sich über die Stange hängen und treiben lassen. Wer mit seinem Kanister allein ist, schiebt eine kräftige, lange Astgabel links und rechts durch die Gurte des Kanisters und macht es sich auf dieser Gabel bequem. (Zeichnungen Nr. 50 + 51) Eine dritte Möglichkeit erprobt mit euren Overalls. Wenn sie noch keine Löcher haben, zieht sie im Wasser aus, knotet die Hosenbeine zu und zieht den Reißverschluß halb hoch.

Dann schlagt und/oder blast Luft in die Beine, bis sie zu richtigen Schwimmblasen werden. (Zeichnung Nr. 52)

Möglichkeit Nummer vier ist das Luftpolster im Schulterbereich des Overalls. Der Reißverschluß wird bis über den Mund gezogen. Man atmet durch die Nase ein und durch den Mund aus, auf daß sich die Schultern füllen. Wichtig dabei ist, den Kragen mit den Händen zu fassen und fest nach vorn zu ziehen, damit der Overall am Hals schließt. (Zeichnung Nr. 53)

Diejenigen, deren Overalls bereits defekt sind (Normalfall), können versuchen, mit Hilfe zweier anderer, schwimmfähiger Gegenstände aus ihrem Gepäck eine Schwimmhilfe zu basteln. Das kann der Überlebensgürtel sein und ein wasserdichtes Gefäß, die mittels Bindfaden so zusammengebunden werden, daß euer Körper zwischen den Auftriebselementen bequem auf dem Bindfaden Platz findet. Notfalls, aber wirklich auch nur notfalls, tun es zwei Winzlinge aus eurem Überlebensgürtel, nämlich zwei Prä-

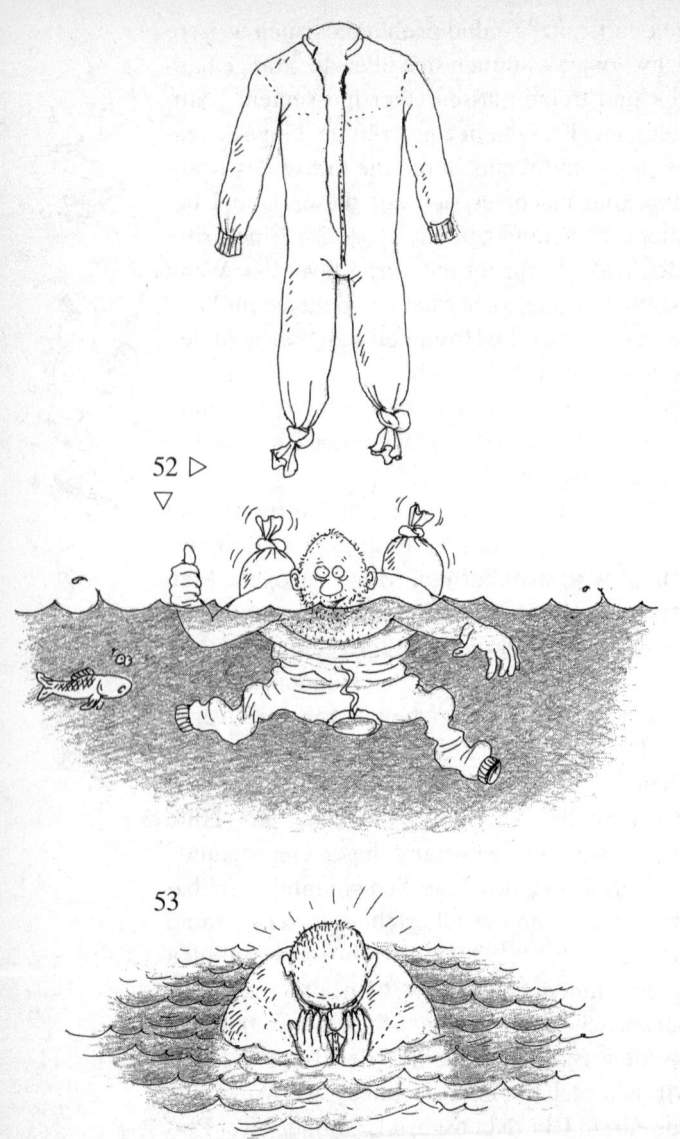

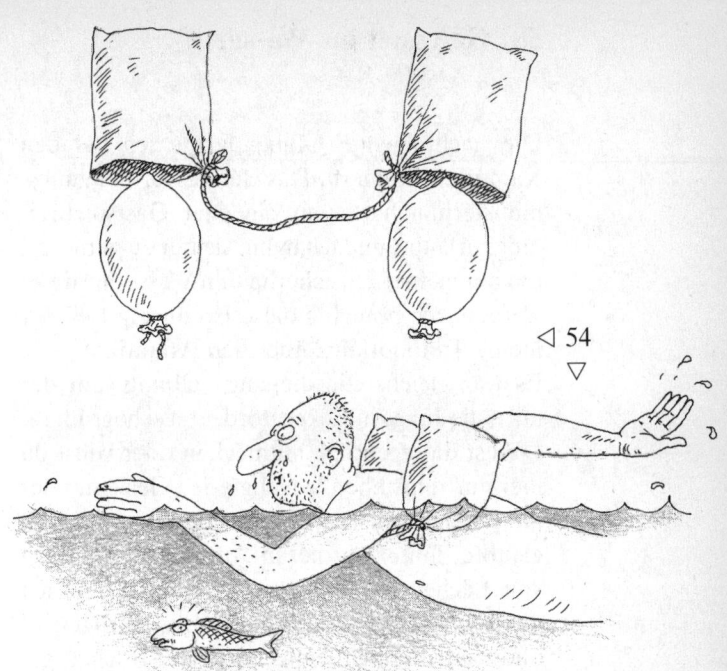

◁ 54 ▽

servative. Ihr blast sie auf, verknotet die Öffnung und steckt sie in je einen Perlonbeutel. Das schützt sie wie ein Fahrradreifen den Schlauch. (Zeichnung Nr. 54)
Und »notfalls« deshalb, weil euch die Gummis, sofern ihr sie nicht schnellstens ersetzt, womöglich im wichtigsten Moment fehlen, und ihr steht vor der großen Frage »Aids oder geht's?« Andererseits lohnt es auch nicht, aus diesem übertriebenen Sicherheitsbedürfnis heraus lieber zu ersaufen. Die Lösung dieses gewaltigen Problems sei *eure* Entscheidung.

58. Gefesselt ins Wasser

Die nachfolgende Übung lernte ich bei den Kampfschwimmern. Das Bundesverteidigungsministerium hatte mir ein paar Gastspieltrainings erlaubt, und ich nahm sie nur zu gerne an, um mit meiner Unsicherheit im Wasser fertig zu werden. Ich brauchte diese Erfahrung 1987 für meine Tretbootfahrt über den Atlantik.
Es war gleichzeitig diejenige Übung, mit der mich die Jungs in Eckernförde quasi begrüßten. »Willst du eigentlich mitmachen oder willst du hier nur rumstehen?« Neugierige Gesichter der Amphibienmenschen musterten mich. Ich glaubte, hinter all diesen Augen einen Anflug von Lächeln zu erkennen. Vielleicht irrte ich mich auch. Und wenn man schon so gefragt wird und zudem noch einige Survival-Bücher geschrieben hat, ist es wohl klar, daß man nicht kneifen darf, man muß mitmachen. Und möglichst unbefangen und schnell antwortete ich: »Na klar mache ich mit. Was ist denn schon Theorie? Ich brauche Praxis.«
Wieder glaubte ich, ein Lächeln zu erkennen, und mir schwante Schreckliches, als Oberbootsmann Probst rief: »Darf ich um die Seile bitten?« Ein anderer Ausbilder reichte ihm zwei dicke, weiße Perlonseile. Jedes über einen Meter lang.
Während man mir damit die Hände auf den Rücken fesselte und die Beine zusammenband, wußte Probst mich zu trösten: »Das ist eine

Übung, mit der wir die grundsätzliche Einstellung des Prüflings zum Wasser testen wollen.«
Währenddessen zog der, der mich fesselte, die Seile um ein paar Zentimeter strammer. »Das hat psychologische Gründe. Du sollst spüren, daß du da nicht wieder rauskommst.«
Ich stand auf dem Sprungbrett und erwartete eine Erklärung zu dem, was ich gleich zu tun hätte.
Statt dessen erhielt ich einen Stoß, völlig unerwartet und ohne voratmen zu können, und fiel ins fünf Meter tiefe Wasser. Aufklatschen, untergehen, die Fesseln spüren und in Panik geraten, das war eine einzige Empfindung. Und ich machte alles falsch, was man nur falsch machen kann. Ich zappelte um mein Leben – und soff ab.
Und während das geschah, während ich zuckte und zappelte und die verdammte Wasseroberfläche mal links, mal rechts von mir auftauchte, aber nie näher kam, erinnerte ich mich schlagartig einiger anderer Sprüche und Abmachungen, die ich vor dem Abtauchen in ihrer vollen Bedeutung gar nicht wahrgenommen hatte. »Also, eins müßte zwischen uns aber Ehrensache sein«, hatte es geheißen. »Wir springen nicht gleich hinterher, wenn jemand zuckt. Denn jeder Neuling zuckt anfangs, und würde man da stets gleich hinterherspringen, wären wir nur noch im Wasser. Deshalb muß einmal Wasserschlucken drin sein.«
Ich hatte genickt, denn eine Alternative wurde nicht geboten, wohl aber ein wirksamer Trost.

»Keine Bange. Wenn jemand Wasser geschluckt hat, kann man das deutlich sehen. Dann springen die Augen förmlich wie zwei Griffe aus dem Kopf und wir ins Wasser. Und dann ziehn wir dich an diesen Griffen wieder raus.«
Ich schien wohl nicht so besonders überzeugt gewesen zu sein. Deshalb hatte er noch hinterhergeschoben: »Im übrigen darf ich dir hier den Kameraden Wernicke vorstellen. Das ist der amtlich geprüfte Wiederbeleber.« Wernicke spurtete diensteifrig herbei. Er trug einen Aluminiumkoffer bei sich, den er nun bereitwilligst und unaufgefordert öffnete. Einige elektrische Geräte und schwarze Schläuche sollten mir Mut machen. »Da würdest du notfalls angeschlossen werden, und garantiert bist du hinterher besser als vorher.«
Das raste mir bei dem Kampf um Luft durch den Kopf. Als die Wasseroberfläche trotz hektischster Zuckungen nicht näherkommen wollte, blieb mir keine andere Wahl: Ich schluckte Wasser. Da spürte ich aber auch schon vier kräftige Hände, die mich packten und nach oben zerrten. Und nach einer Weile, wieder bei Atem, lernte ich, wie man's richtig gemacht hätte: den natürlichen Auftrieb nutzen, sich in die Rückenlage bringen und dann, im Delphinstil, ins Flache schwimmen.
Auch wenn diese Übung scheinbar nichts mit meiner Atlantiktour zu tun haben würde, so empfand ich sie als wirksam und lehrreich, wie jede Übung, mit der man seine Ängste in geord-

nete Grenzen zwingen möchte, ohne sie gänzlich abzubauen. Denn sie sich abzutrainieren, wäre tödlicher Leichtsinn. Die Angst ist ein wichtiges Alarmsignal.
Damit ihr einmal ein Gefühl für ein solches Training bekommt, ohne ein Risiko einzugehen, beschreibe ich euch jetzt eine machbare einfache Version der Fesselnummer am Teichrand. Zunächst fesselt ihr eure Füße mit einem Stück Seil, schön fest. Dann geht ihr in metertiefes Wasser. Aber grundsätzlich mit einem ungefesselten Helfer! Er soll verhindern, daß ihr ertrinkt und mir hinterher womöglich Beschwerdebriefe schreibt. (Und dann noch solche ohne Rückporto.) Eure Hände haltet ihr auf dem Rücken wie gefesselt kräftig zusammen. (Bei den Kampfschwimmern werden sie echt und fest zusammengeschnürt. Das macht psycho und logisch einen gewaltigen Schwierigkeitsgrad mehr aus.) Dann begebt ihr euch in die Rückenlage und versucht, im Delphinstil zu

55 ▽

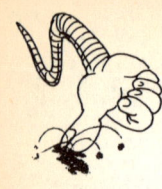
schwimmen. Eine Steigerung wäre noch – wie bei der Eckernförder Elitetruppe – mit voller Garderobe (Bremswirkung), Hände echt gefesselt und vom Sprungbrett, egal wie, ins tiefe Wasser gestoßen zu werden. Also: mit Untertauchen, Wieder-Hochkommen, Rechtzeitig-in-die-Rückenlage-Bringen und Ans-Ufer-Delphinieren.
Davon möchte ich euch aber im Rahmen dieses Trainings dringend abraten. (Zeichnung Nr. 55)

59. Feuer Nr. 3

Die nächste Art, Feuer zu machen, ist fast identisch mit der zweiten. Dieses Mal ist es die Mullbinde in der Patronenhülse oder Filmdose, die den Funken aufnehmen und vermehren soll. Ihr haltet Patronenöffnung und Flint in der linken Hand, den Mull habt ihr vorsichtig herausgezogen und gewendet, ohne die filigranen Kohlereste zu verletzen, sie zeigen nach oben. Der Flint ragt etwas über die Patronenhülse hinaus. Mit dem Messer in der rechten Hand schlagt ihr nun waagerecht über den Mull hinweg und ratscht die oberste Flintkante. Dabei entstehen Funken, die auf den Mull fallen und durch sofortiges Anblasen aufglühen.
Obwohl die Feuer Nr. 2 und 3 sehr ähnlich sind, solltet ihr sie dennoch getrennt durchführen, damit ihr euch im Ernstfall sowohl an die Möglichkeit mit dem Baumwollstoff als auch an die mit der meistens vorhandenen Mullbinde erinnert. Diese Methoden nur »mal eben zu lesen« bringt nichts. Man muß sie geübt haben, denn: einmal selbst machen ist besser als hundertmal lesen, und außerdem dauert hundertmal lesen viel zu lange.

60. Zaubertrick Nr. 3: Die verschwundene Zigarette

Heute lernen wir, eine brennende Zigarette in einem Taschentuch verschwinden zu lassen.
Der Zuschauer sieht folgendes: Der Zauberer zeigt ein Taschentuch von beiden Seiten vor. Er zieht es durch die Finger und jeder weiß, daß nichts darin versteckt ist. Er breitet es flach aus über der linken Faust, bohrt mit dem rechten Daumen eine Mulde und steckt die brennende Zigarette dort hinein. Und wenn er das Taschentuch wieder entfaltet, ist von der Zigarette nichts mehr zu sehen, weder auf der Vorder- noch auf der Rückseite.
Der Trick wird folgendermaßen ausgeführt: Ihr bastelt euch vorher aus Pappe ein kleines Röhrchen, das genau über die Daumenspitze paßt. Quasi eine Daumenverlängerung. Im Zauberhandel gibt es die Daumenspitzen auch fertig zu kaufen. Sie haben den Vorteil der Haltbarkeit und des echteren Aussehens, aber das ist nicht unbedingt nötig. Dieser euer Kunstdaumen sollte etwa 5 cm lang sein. Er wird mit Leukoplast umwickelt und erhält dadurch ein fleischfarbenes Aussehen. Mit diesem Pflaster wird auch das eine Röhrchenende zugeklebt. Dieses kleine Hilfsmittel ist alles, was ihr benötigt, und die Vorführung kann beginnen.
Die Daumenspitze liegt bereits im Taschentuch verborgen, bevor ihr beginnt. Beim Ergreifen des Taschentuchs stülpt ihr den Kunstdaumen

über euren rechten, eigenen Daumen. Ist das geschehen, greifen beide Hände je einen Taschentuchzipfel. Das muß so geschehen, daß beide Daumen jeweils nach hinten weisen und die übrigen Finger nach vorn. Gehalten wird das Tuch eigentlich nur von den Daumen und Zeigefingern. Dann wird das Taschentuch waagerecht – im entgegengesetzten Uhrzeigersinn – um 180° gedreht. Der Zuschauer sieht die Rückseite des Tuches. Eure Unterarme liegen jetzt über Kreuz. Theoretisch müßten die Leute nun den Kunstdaumen sehen. Aber das tun sie nicht, weil ihr bei der Drehung den betreffenden rechten Taschentuchzipfel mit einer kleinen, zusätzlichen Rechtsdrehung »eingewickelt« habt. Das fällt niemandem auf, weil ihr das nicht unnötig langsam macht.

Ihr sagt dazu, daß dieses Taschentuch tatsächlich unpräpariert sei, daß weder auf der einen – nun kommt die Drehung – noch auf der anderen Seite irgend etwas Besonderes sei. Dabei habt ihr das Tuch schon wieder zurückgedreht in die Ausgangsposition. Nun laßt ihr es einmal kurz hochflattern. So, als wolltet ihr mit einer Tischdecke den Tisch decken. Während es langsam waagerecht niedersinkt, laßt ihr es mitten auf die linke, senkrechtstehende Faust fallen. Das heißt: Daumen und Zeigefinger der Faust liegen oben. Die rechte Hand läßt dann das Taschentuch los, deren vier Finger zeigen mit den Fingerspitzen nach unten, der Daumen ebenfalls. Er wird aber von den vier Fingern verdeckt. Nur ihr selbst könnt ihn sehen, aber ihr guckt nicht

hin. Ihr schaut vielmehr auf das Taschentuch und sagt: »Und nun bereite ich hier eine kleine Mulde vor.« Währenddessen führt ihr die rechte Hand über die linke Faust, senkt sie auf diese hinab, bis die vier Finger das Taschentuch berühren. Der Daumen mit der Kunstspitze weist weiterhin zu euch und nicht zum Publikum. Gedeckt von den vier Fingern drückt ihr den Daumen nun mit dem Taschentuch tief in die Faust. Ihr dreht die linke Hand mehrmals mal hin, mal her, so, als wolltet ihr das Loch regelrecht bohren. Wenn ihr dann den Daumen hervorzieht, laßt ihr die Daumenspitze im Tuch und in der linken Faust. Jetzt nehmt ihr entweder von jemandem aus dem Publikum eine (möglichst halbe) brennende Zigarette, oder ihr habt selbst eine vorher entzündet. Ihr saugt noch einmal kräftig daran, damit jeder sieht, daß sie glüht. Den Rauch blast ihr geheimnisvoll über das Taschentuch. Ist die Zigarette aus dem Publikum, fragt, wer sich ohnehin das Rauchen abgewöhnen will, weil der Glimmstengel nicht wiedergesehen wird. Die glühende Zigarette steckt ihr von oben in den Kunstdaumen. Während ihr jetzt wieder den rechten Daumen in den Kunstdaumen steckt, tut ihr so, als würdet ihr Schmerzen durch die Glut empfinden. Ihr verzieht euer Gesicht, dreht den Daumen ein paarmal hin und her. So, wie man Zigaretten im Aschenbecher auszudrücken pflegt.
Während ihr nun den Daumen nebst Daumenspitze aus der Faust zieht, kaschieren ihn die übrigen vier Finger sofort wieder. Das geht flie-

ßend ohne jede Hektik, wie selbstverständlich. Die rechte Hand ergreift mit Daumen und Zeigefinger wieder einen Taschentuchzipfel und zieht das Tuch langsam von der Faust. Sobald es von der Faust runter ist, greift sich auch die linke Hand einen Taschentuchzipfel, und das leere Tuch, ohne Brandloch, ohne Zigarette, wird vorgezeigt. Von vorn, von hinten. Und noch einmal: in derselben Weise wie zu Beginn des Tricks. Die Zeichnung (Nr. 56) zeigt noch besser als alle Worte die einzelnen Phasen von Anfang bis Ende. Während die Zuschauer klatschen, nimmt die linke Hand das Taschentuch *und* die Daumenspitze gleichzeitig in einer glatten Bewegung aus der rechten Hand und legt beides beiseite oder steckt es in die Tasche.

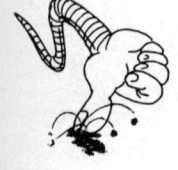

Dabei ist auf zwei Dinge zu achten: Daß die Zuschauer das Taschentuch mit der Daumenspitze nicht in die Hand kriegen und darauf, daß die Zigarette auch wirklich erstickt ist.

Der vierte Tag

61. Erste Hilfe: Transportmöglichkeiten

Nach dem üblichen Morgenbeginn mit Sportes Mühe und Dortes Müsli wiederholen und ergänzen wir heute wichtige Dinge eures Erste-Hilfe-Lehrgangs. Wir beginnen mit Transportmethoden für Verletzte. Die Trage für zwei und mehr Helfer hatten wir ja bereits zu Anfang der Projektwoche besprochen. Heute kommen einfachere Möglichkeiten zum Üben.
Da gibt es den Sitz aus zwei Händen, ferner den Transport über der Schulter. (Zeichnung Nr. 57)
Mit dem Rautek-Rettungsgriff bringt man Verletzte über kurze Distanzen aus der Gefahrenzone (Zeichnung Nr. 58), oder ihr macht aus dem Dreiecktuch einen Transportring. Er muß nicht geknotet, sondern kann einfach ineinander gedreht werden und hält trotzdem. (Zeichnung Nr. 59)
Bei nur einem Helfer und einem gewichtigen Verletzten, der über längere Strecken an Land transportiert werden muß, empfiehlt sich die Schleppe aus einer Astgabel, die bestmöglich zu einem bequemen Bett auf Kufen umgearbeitet wird. (Zeichnung Nr. 60)

◁ 57   58 ▷
▽

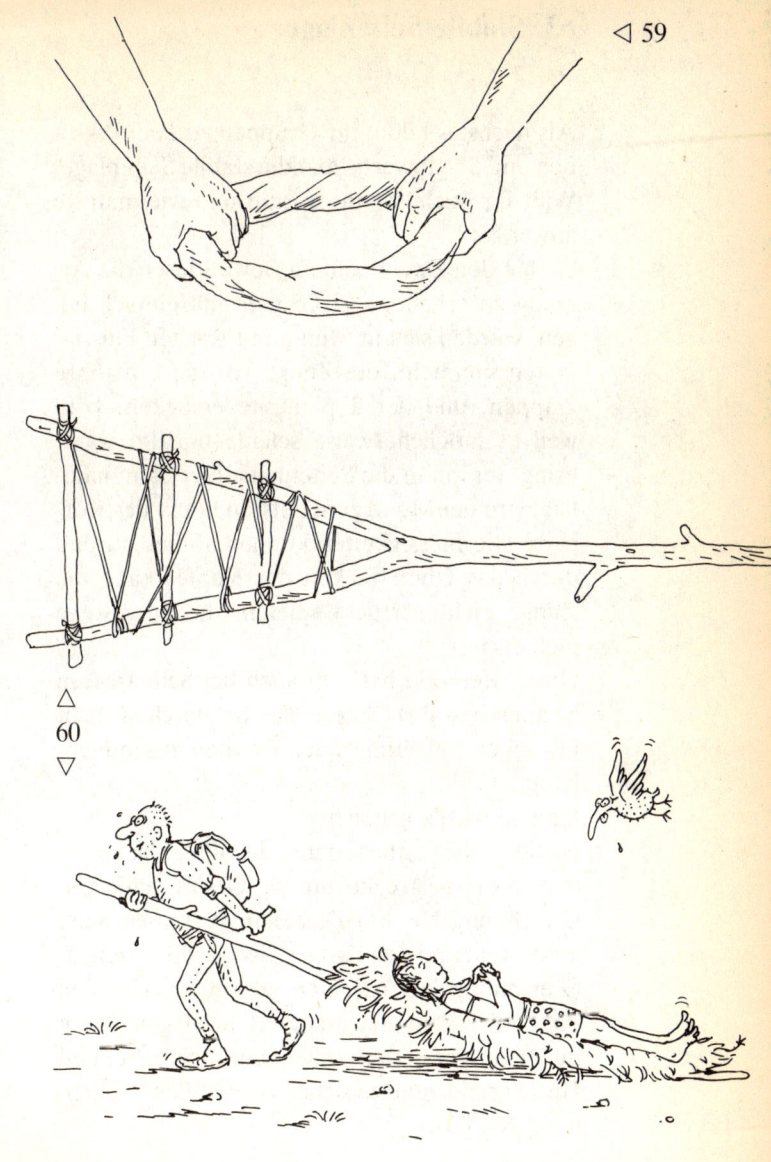

62. Stabile Seitenlage

Als nächstes bildet ihr Gruppen zu zwei Personen und übt abwechselnd die stabile Seitenlage. Wißt ihr noch, wann, warum und wie man sie anwendet?
Sie hat den Zweck, einem Bewußtlosen die Atmung zu erhalten. Ließe man ihn einfach liegen, würden sich in Mund und Rachen Flüssigkeiten sammeln, die Zunge vor die Luftröhre klappen, und der Typ müßte ersticken. Und weil es möglicherweise schade um ihn wäre, bringt ihr ihn in die Seitenlage. Nur dann nämlich wird der Mund zum tiefsten Punkt des Körpers. Die Flüssigkeiten können abfließen, und durch das Überstrecken des Kopfes kann die Zunge nicht verrückt spielen, die Atemwege bleiben frei.
Diese Methode hat sich auch bei Schnarchern bestens bewährt, sofern das Schnarchen nicht mit einer Erkältung oder Polypen zusammenhängt.
Und so wird's gemacht:
Hüfte seitlich anheben und den danebenliegenden Arm gestreckt unters Gesäß schieben. (Zeichnung Nr. 61) Das Bein derselben Seite anwinkeln und den Fuß bis ans Gesäß schieben. (Zeichnung Nr. 62) Den gegenüberliegenden Arm anwinkeln und auf den Bauch legen. Dann quer zum Verletzten stellen, ihn an Schulter und Hüfte greifen und zu sich herüberrollen. (Zeichnung Nr. 63)

61

62

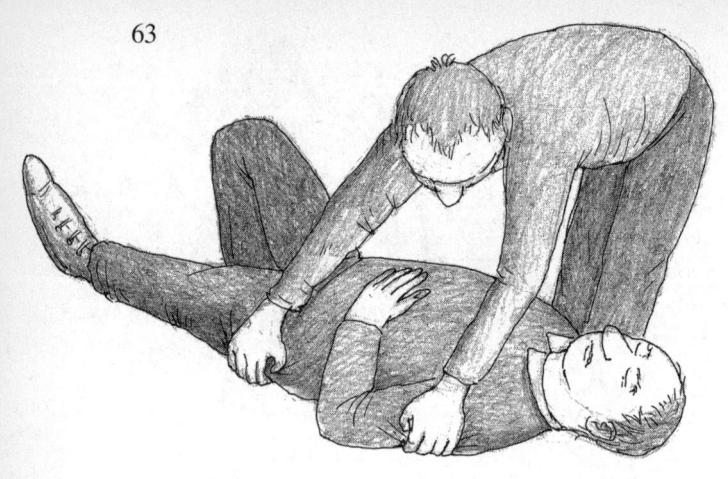

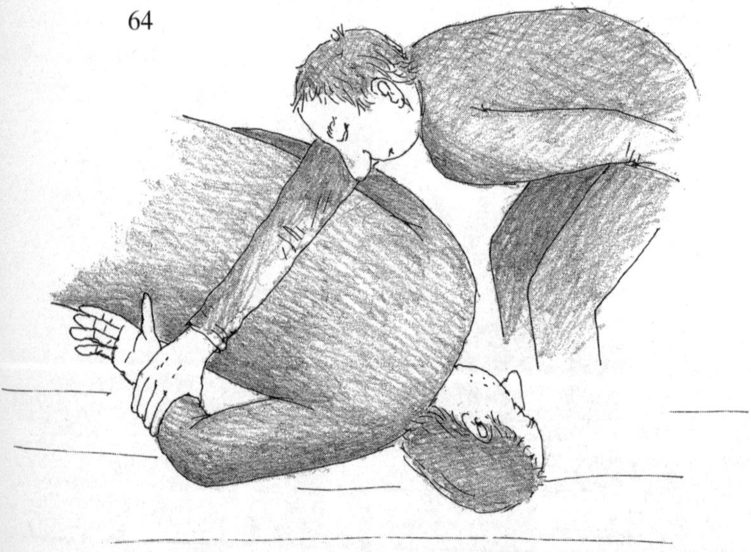

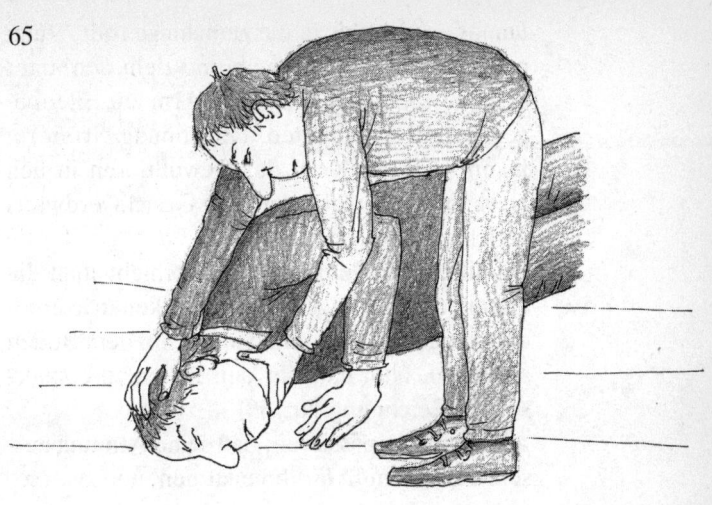

Damit er nicht bis in die Bauchlage rollt, stützt man ihn mit den Knien ab und zieht den unter dem Bewußtlosen liegenden Arm am Ellenbogen dezent nach hinten. (Zeichnung Nr. 64)
Dann wird der Kopf des Bewußtlosen in den Nacken überstreckt und das Gesicht erdwärts gerichtet. (Zeichnung Nr. 65)
Damit er nicht zurückklappt, schiebt man die Hand des oben liegenden Armes keilartig unter die Wange. Die Handfläche soll auf dem Boden aufliegen. Nun habt ihr den Patienten erstversorgt. (Zeichnung Nr. 66)
Aber es kann passieren, daß seine Atmung aussetzt. Dann müßt *ihr* ihn beatmen, und zwar sofort.

63. Wiederbelebung

Man kann seinen Erste-Hilfe-Lehrgang noch so gut absolviert haben. Man kann der Kursbeste gewesen sein im Wiederbeleben, aber man kann es dann doch nicht, wenn man unerwartet mit einem wiederzubelebenden Verletzten konfrontiert wird. Mir als Nichtprofi auf dem Sanitätersektor ging es jedenfalls jedesmal so, trotz manchen Kurses. Theoretisch habe ich alle Gummipuppen auf den Erste-Hilfe-Tischen wieder zum Leben erweckt, wie andere das nicht einmal mit aufblasbaren Beate-Uhse-Puppen schaffen. Aber dann gibt's völlig unangemeldet Alarm: »Rüdiger, komm schnell in die Konditorei. Vor unserem Laden ist wieder einer umgekippt.« Das ist mittlerweile viermal passiert. Eigentlich müßte mich das zu der Frage veranlassen: »Liegt das an unserem Kuchen, oder handelt es sich dabei um Nichtkunden?« Ich hoffe, letzteres trifft zu. Im Moment des Unfalls kam bisher, Gott sei Dank, niemand auf die Idee, den Bewußtlosen solche Wichtigkeiten zu fragen. Der würde die Antwort auch mit Sicherheit verweigern. Vielleicht mein Glück, so kann ich das Geschäft der Torten und Torturen nach wie vor weiterbetreiben. Und hatte man die Atemlosen wieder ins Leben zurückgebracht, haben sie's bis dato, womöglich aus Dankbarkeit, nicht verraten. Oder aber man hat sie nicht mehr retten können. Dann haben sie's ebenfalls diskret verschwiegen.

Wie dem auch sei. Jedesmal war ich um einiges aufgeregter als der Bewußtlose, das kann ich beschwören. Und jedesmal, wenn mir Zeit zum Denken blieb, gelobte ich mir, das schlappe, flüchtige Ersthelferwissen sofort in einem neuen Lehrgang aufzufrischen. Und jedesmal, wenn mir noch Zeit zum Denken blieb, rekapitulierte ich blitzschnell, was nun ohne Umschweife zu tun wäre.
Als allererstes überhaupt wird eine mögliche starke Blutung gestoppt. Denn keine Wiederbelebung hat – außer der eigenen gymnastischen Betätigung – irgendeinen Sinn, wenn der Bedauernswerte leerläuft wie ein undichtes Gefäß.
Um den Sinn und Zweck der zu stoppenden Blutung zu verstehen, muß man wissen, welche Aufgaben das Blut überhaupt zu erfüllen hat. Jedenfalls hier in unserem Notfalle. (Denn es hat natürlich noch andere Jobs.) Es soll nämlich den Sauerstoff, den du dem Bewußtlosen durch die Nase einbläst, durch den gesamten Körper transportieren. Ist die Blutung nicht gestillt, wäre das so, als würdest du einen Luftballon aufblasen, der ein Loch hat. Wer das für sinnvoll erachtet, bleibe lieber daheim und schaue sich »4 gegen Willi« an. Alle anderen hämmern sich für diese Situation ein: Loch zu! Und zwar schnell und notfalls brutal. Sentimentalitäten hebst du dir für später auf, zum Beispiel für Weihnachten. Blutstillung ist also das erste, was du zu erledigen hast.
Das zweite wäre, festzustellen, ob der Verun-

glückte hart liegt. Im weichen Kuschelbett, mit schallgedämpfter Doppelspiralfeder, hat Wiederbelebung keinen Sinn. Der Junge oder das Mädchen unter dir entzieht sich deinen Kunstgriffen wie ein Tropfen Quecksilber, den du auf der Tischplatte zerdrücken willst. Also Punkt zwei: Der Verunfallte (welch tolles Wort!) wird auf die harte Mutter Erde gelegt. Das liest sich hier alles lang und breit. In der Praxis sind das zwei kurze Augenblicke.

Dann endlich geht es richtig los. Das System der Wiederbelebung heißt A B C: Das ist so wichtig, daß ihr es auswendig lernen müßt. A B C. Oder überfordert euch das? Oder erinnert es euch schwach an frühere Jahre? Das wäre jetzt von Nutzen. Wenn nicht, lernt es nun auswendig: A – Be – Ce. Was heißt das nur – A B C?

A steht für *Atemwege* freimachen. Dazu überstreckt ihr den Kopf. Wie das geht, habt ihr soeben bei der stabilen Seitenlage erfahren. Ohne diese Überstreckung sind die Atemwege blockiert, und eure Mühe wäre vergeblich. Es wäre so, als würdet ihr in eine verstopfte Flöte blasen.

Zur Freilegung der Atemwege gehört auch, in den Mund hineinzugreifen und etwaige Prothesen oder Schleim oder Blut mit gekonntem Griff herauszuholen. Damit wäre A überstanden, und wir kommen zu B: *Beatmen!*

Ihr kniet neben dem Bewußtlosen. Eine Hand greift um den Unterkiefer und drückt den Mund zu. Das ist wichtig, sonst entweicht die Luft dort wieder, die ihr in die Nase blasen werdet. Ist das

geschehen, stülpt ihr euren Mund über die Nase und blast im Atemrhythmus *zweimal* kräftig hinein.
Nach jedem Einpusten schaut kurz zum Brustkorb, um zu kontrollieren, ob die Luft dort überhaupt angekommen ist, ob dieser sich hebt. Wie gesagt, das macht ihr *zweimal*.
Damit diese Luft nun per Blut überall im Körper verteilt wird, muß es rumgepumpt werden. Das heißt, Aktion C ist angesagt:
C = Cirkulation in Gang setzen.
Ihr wendet euch von der Nase dem Brustkorb zu. Und zwar der linken Hälfte desselben. Denn dort sitzt bekanntlich das Herz, sofern das Opfer sein Herz auf dem rechten Fleck hat. Genauer gesagt, auf der linken Seite des Brustbeins, drei Finger von der untersten Rippe entfernt in Richtung Hals (die unterste Rippe ist gut tastbar). Auf genau diese Stelle legt ihr den linken Handballen. Finger nach oben gespreizt. Darauf legt ihr den rechten Handballen, und jetzt drückt ihr im Herzrhythmus fünfzehnmal mit ziemlicher Kraft. Ob das Herz nun will oder nicht, es muß pumpen, auch dann, wenn es schon gedacht hat, es könnte sich für immer ausruhen. Pustekuchen. Nicht, wenn es sich diese Launen in eurer Gegenwart erlauben möchte. Nicht mit euch.
Bei älteren Leuten, deren Knochen nicht mehr so elastisch sind, besteht bei zu starkem Herzdruck die Gefahr des Rippenbruches. Aber keine Sorge! Das ist das kleinere Übel. Das läßt sich leichter reparieren, als den Tod rückgängig

machen zu wollen, nur weil ihr zu sanft gedrückt habt.
Nach dem fünfzehnmaligen Pumpen ist erneut zweimal Atmen angesagt. Und so weiter und so weiter. Bis ihr schlapp macht oder bis der Mensch einsieht, so geht es nicht. Wichtig bei der Wiederbelebung ist vor allem, unermüdlich durchzuhalten. Eine Viertelstunde ist nicht zu lange. Das kostet mehr Kraft, als man hier beim Lesen ahnen möchte. Wichtig ist wirklich, sich strikt an dieses ABC-System zu halten. Völlig unwichtig ist hingegen, ob euer Patient bei Beginn des Rettungsversuches nicht mehr geatmet hat oder ob sein Herz bereits stillstand oder ob gar beides streikte. Denn sowohl das eine als auch das andere funktioniert nie auf Dauer ohne das andere. Es nutzt die Herzdruckmassage nichts, wenn die Luft nicht da ist, und es löst sich alles in Luft auf, wenn das Herz nicht pumpt. Eine unschätzbare Hilfe wäre ein Zweithelfer. Dann kann der eine beatmen, der andere herzdrücken. Alles in dem Tempo, wie es ein gesunder Mensch auch täte: einmal beatmen und fünf Massagen. Und alle paar Minuten löst man sich ab. Wenn du nämlich nach fünf Minuten Beatmen noch nicht außer Puste bist, hast du schlecht gearbeitet, oder du bist gut trainiert und olympiaverdächtig.
Im Zeitalter der Seuche Aids ist noch eines von Bedeutung. Eine Ansteckungsgefahr per Beatmung durch die Nase ist zwar sehr gering, aber sie ist nicht hundertprozentig auszuschließen. Um ganz sicherzugehen und um auch noch ef-

fektiver zu beatmen, empiehlt es sich, bei Vorhandensein einen sogenannten Tubus anzuwenden. Dabei handelt es sich um ein simples Stück gebogenen Plastiks, das dem Patienten – wie auf der Zeichnung ersichtlich – in den Mund geschoben wird. Beim Einführen weist die Krümmung noch nach oben. Aber dann, im Mund, wird sie gedreht, auf daß sie in den Schlund führt. (Zeichnung Nr. 67)

67

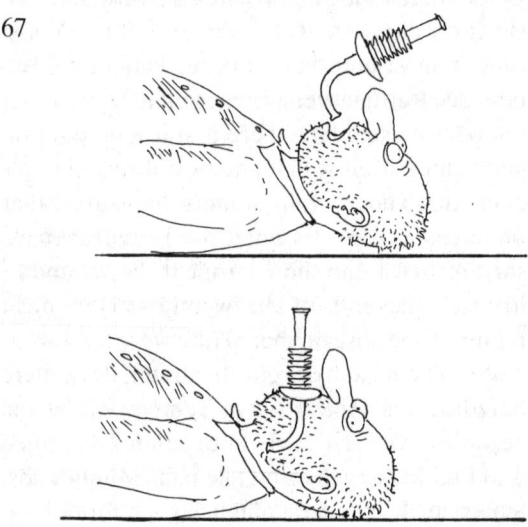

Diesen Tubus gibt es in Apotheken. Er kostet nur wenige Mark und sollte in jedem Erstehilfepack vorhanden sein. Genau wie die neuerdings vorgeschriebenen Gummihandschuhe, die besonders dann wichtig sind, wenn man mit dem Blut des Verletzten in Kontakt gerät. Vor allem, wenn man selbst kleine Verletzungen hat.

64. Verabreichen einer Injektion und Vernähen einer Wunde

»Da fixen wir seit fünf Jahren, und nun will Rüdiger uns zeigen, wie man's richtig macht?« Gähn – gähn.
Leute – ich rechne mal fest damit, daß ihr von solchen Problemen frei seid. Wer sich für Survival interessiert, will ja eigentlich überleben, er will weitestgehend unabhängig sein, wovon auch immer, und nicht mit 'ner Zeitbombe in Blut und Hirn herumlaufen. Wer sich für Survival interessiert und es beherrscht, hat Prickel und Spannung satt. Der hat die Droge Survival, der kann sich Ziele setzen und erschließen, von denen andere nur träumen dürfen. Im Sessel vorm Fernseher und mit 'ner Tüte Salzstangen. Rülps. Wenn dem so ist, wenn ihr keine Fixer seid, dann wißt ihr normalerweise nicht, wie man ordnungsgemäß spritzt. Und ich bin sicher, daß die meisten Drogis es auch nicht wissen, aber denen ist es egal. Wir beschränken uns in diesem kleinen Lehrbeispiel auf die intramuskuläre Injektion, mit der wir einen bestimmten Körperteil schmerzunempfindlich machen wollen, um daran operieren zu können. Konkret: um eine Wunde vernähen zu können.
Diese Wunde müssen wir zunächst einmal haben. Vielleicht habt ihr »Glück«, daß sich jemand von euch mit dem Messer tief geschnitten hat. Vielleicht habt ihr aber auch das andere, wertvollere Glück, daß sich niemand verletzt

hat. Dennoch benötigen wir eine Wunde, und so machen wir sie uns selbst. Nichts leichter als das.

Bei ordnungsgemäßen Trainingsvorbereitungen habt ihr ein totes Kaninchen mitgebracht. Wenn ihr es beim Bauern im Gefrierfach hattet, habt ihr es gestern abend herausgenommen und auftauen lassen. Nun liegt es vor euch auf einem großen flachen Stein – eurem Operationstisch.

Ihr legt es auf den Bauch und rasiert ihm in der Mitte neben dem Rückgrat eine kleine Hautstelle frei, mit einer Rasierklinge oder einem Skalpell, etwa 8 × 8 cm groß. Bei *jeder* Operation im Haarbereich ist es wichtig, die Haare zu entfernen, weil sie arge Bazillenträger sind. Laßt euch dabei Zeit, denn es soll ja gut werden. Das Kaninchen merkt es nicht. Wichtig ist vor allem, daß die Stelle sauber ist wie ein Kinderpopo. Die dazu benutzte Rasierklinge oder das Skalpell haben dann ausgedient. Jedenfalls im Ernstfall. Ihr, im Übungsfall, dürft sie weiterbenutzen. Diese Sparsamkeit und das Do-it-yourself-Operieren nennt man dann Kostendämpfung im Krankenwesen.

In der Mitte der freirasierten Körperstelle macht ihr einen tiefen Schnitt. Sagen wir mal 10 mm tief und 4 cm lang. So also liegt der Patient vor euch. Natürlich würde die Wunde, wäre sie echt, auch ohne eure Hilfe verheilen. Aber bestimmt nicht so schön. Fast könnte man sagen, bestimmt nicht so hübsch.

Was da alles möglich ist, mag euch diese kleine Geschichte aus Äthiopien erzählen.

In der Danakil-Wüste, wo es weder Nähbestecke noch Ärzte gibt, werden an Mädchen und Frauen dennoch brutale Operationen vollzogen. Von den Medizinfrauen, oder wie man sie nennen mag.
Die Mädchen werden auf die Erde gelegt, mit dem Bauch nach oben. Auf die vier auseinandergespreizten Gliedmaßen setzen sich weibliche Familienangehörige. Dadurch ist das Mädchen bewegungsunfähig, liegt wie gefesselt auf einem Operationstisch. Jedoch mit einem entscheidenden Unterschied. Für diese Operation, hier in der Wüste, wird es nicht betäubt, weder insgesamt noch örtlich, weder mit Alkohol noch per Faustschlag. Allenfalls ersetzt eine gnädige Ohnmacht den Narkosearzt, wenn der Patientin mit einfachsten rostigen Messern die Klitoris und die Schamlippen weggefetzt werden. Wie irrsinnig schmerzhaft das sein muß, kann sich bestimmt jeder selbst vorstellen.
Doch das ist noch nicht das Ende der Prozedur. Nun werden die Mädchen »zugenäht«. So nennt man den folgenden Vorgang in Europäerkreisen. In Wirklichkeit hat das mit Nähen nichts zu tun. Denn weder hat man eine Nadel noch besitzt man einen Faden. Man behilft sich in der Weise, daß man die gegenüberliegenden blutenden Wundränder des Scheideneingangs zusammenheftet. Und zwar mit Dornen von Akazien, wie mit Stecknadeln, nur unsteriler. Eine von links nach rechts und die nächste umgekehrt. Bis die halbe Scheide auf diese Weise geschlossen ist. Damit die so miteinander ver-

fleischten Wundränder gut zusammenwachsen und der Vaginaeingang wirklich »hübsch klein« werde, bindet man den Mädchen die Schenkel so eng zusammen, daß sie sich kaum mehr bewegen können. Sie verkriechen sich danach irgendwo im Schatten der Hütte und hoffen, den Eingriff zu überleben.
Trotz des heftigen Blutens kommt es aber meistens zu Infektionen. Urin mischt sich mit Blut und Eiter – und es dauert Wochen, ehe diese Wesen wieder laufen können. Sofern sie diese Tortur überlebt haben.
Die Alten des Dorfes behaupten, das sei Vorschrift des Korans, und deswegen müsse es jede Frau über sich ergehen lassen. Und da es schon immer so war und selbst die älteren Frauen dafür sind – weil sie es auch ertragen mußten –, wird dieser Brauch bis in die Gegenwart weitergepflegt.
Wer nun geglaubt hat, damit hätten die Mädchen das Schlimmste überstanden, hat nur zum Teil recht. Denn schlimmer kann's kaum werden, wohl aber gleich schlimm. In der Folge sieht es so aus, daß ein Mädchen durch diese Operation heiratsfähig geworden ist. Ihre Scheidenöffnung hat gerade noch die Größe, um mit einem Mann Geschlechtsverkehr haben zu können. Doch wenn sie dann schwanger wird und das Kind zur Welt kommt, beginnt eine neue Quälerei. Das Kind paßt nicht durch die Öffnung. Zwar hofft jede Frau, daß es ihr und dem Kind gelinge, heil durchzukommen, aber meist klappt es nicht. Das Kind bleibt stecken,

und wenn Mutter und Kind am Leben bleiben wollen, bleibt nur ein einziger Ausweg: Die Mutter muß sich wieder öffnen. Entweder tut sie es in ihrer Not selbst, oder sie nimmt die Hilfe einer Freundin an. Und dieser Vorgang ist ebenso brutal wie die Beschneidung. Man nimmt ein Messer oder das landesübliche Krummschwert und schneidet die Mutter wieder auf. Genau dort, wo sie vor Monaten zugespickt worden war. Und nicht genug damit: Wenn Mutter und Kind diese Prozedur hinter sich gebracht haben, wird sofort der alte Zustand wieder hergestellt. Sie wird wieder zugenäht.

Es ist schon gewaltig, was alles möglich ist, und was der Mensch auszuhalten vermag.

Über diese Gänsehaut und etwas Völkerkunde hinaus wollte ich euch damit einprägsam klarmachen, daß Wundränder bei einer Schnittwunde auch ohne die Nähkunst wieder zusammenwachsen können. Aber das dauert lange, wird knubbelig und narbig, während ihr nach einer gekonnten Naht hinterher viel besser aussehen könntet als vorher. Deshalb geht's nun weiter mit der »gekonnten Naht«:

Wäre der Schnitt nur klein, das heißt vor allem, wäre er weniger tief, genügte es, ihn mit einem Schmetterlingspflaster zusammenzuheften. Vor allem dann, wenn auf der Wundstelle keine besondere Belastung liegt. Das Pflaster schneidet man sich selbst aus einem normalen Wundpflaster zurecht. (Zeichnung Nr. 68)

Bevor man ans Nähen geht, muß man sich dar-

68

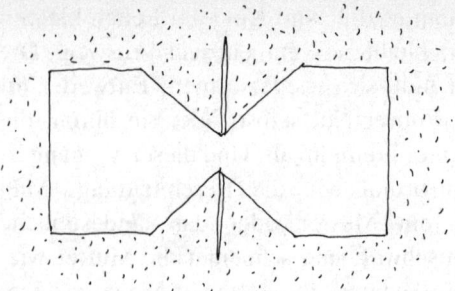

über im klaren sein, daß folgende Wunden *niemals* vernäht werden dürfen:
- Wunden, die älter sind als acht Stunden
- Wunden, die von Schlachter- oder Fischmessern verursacht wurden
- Wunden, die von Tierbissen herrühren
- Schürf- und Brandwunden.

Bei eurem Versuch soll es sich um eine vernähbare Wunde handeln.

Bevor ihr nun loswerkelt, bedeckt ihr den Nichtwundbereich mit eurem OP-Tuch. Wir bilden uns ein, das Textil sei steril. Im Ernstfalle hätte man es heiß gebügelt oder, ideal, einem versiegelten Sterilpack entnommen. Zunächst aber bereitet ihr die Spritze vor. Sie wird der sterilen Packung entnommen und zwischen Ring- und Mittelfinger der linken Hand gehalten. Achtet darauf, daß die Spitze der Ampulle, der Nadelansatzpunkt, nicht berührt wird. Weder von euch noch vom Tisch. Denn beides ist nicht steril.

Mit den übrigen Fingern der linken und denen der rechten Hand wird die Nadel aus der Pak-

kung genommen. Sie wird nur an der Schutzhülle, die die Nadel verdeckt, angefaßt und auf die Ampulle gestülpt. So wird die Spritze vorsichtig abgelegt, die Hülle bleibt noch drauf.
Als nächstes wird die Wunde betäubt. Im Ernstfalle mit (zum Beispiel) Scandicain. Hier und heute nur mit einer Ampulle destillierten Wassers oder mit Kochsalzlösung.
Diese Ampulle legt ihr auf den Zeige- und Mittelfinger der linken Innenhand. Vorher habt ihr einen Tupfer auf die Finger gelegt. Die rechte Hand nimmt die kleine Säge, die jeder Ampullenpackung beiliegt, und sägt vorsichtig und parallel zu den Fingern am Ampullenhals. (Zeichnung Nr. 69) Zunächst gleitet die Säge glatt über das Glas. Aber dann spürt ihr plötzlich, daß sie faßt. Und das ist bereits der Moment, wo ihr aufhört zu sägen.

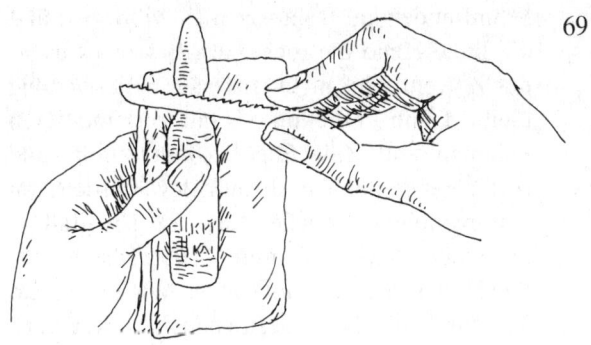

69

Die linke Hand greift die Ampulle unten am langen Ende. Die rechte legt den Tupfer über den Ampullenkopf und knackt ihn dann weg, vom Sägeschnitt aus gesehen nach hinten. Während die linke Hand die Ampulle hält, nimmt die rechte die vorbereitete Spritze. Die Schutzhülle wird abgezogen und die Nadel senkrecht von oben in die Ampulle geführt, damit sie keinesfalls den unsterilen Glasrand der Ampulle berührt. Nun setzt man den Hubkolben in Gang. Mit einiger Geschicklichkeit geht das ohne Zuhilfenahme der linken Hand, nur mit den Fingern der rechten. Ist die Flüssigkeit aufgezogen, hält man die Spritze mit der Nadel nach oben und drückt behutsam die Luftblase heraus. Das ist meist dann der Fall, wenn der erste Tropfen aus der Nadel geschossen kommt.

Damit seid ihr bereit zur Injektion. Die Wunde wird mit Merfen-orange oder Alkohol oder einem anderen Asepsismittel und einem Tupfer gründlich gereinigt und desinfiziert. Ihr setzt die Nadel einen Zentimeter vor einem der beiden Schnittenden an. Damit sie nicht vibriert, stützt die linke Hand die rechte ab. Besser ist es jedoch, wenn ihr nicht zittert, sondern ruhig bleibt. Dann ist die linke Hand frei, und deren Daumen und Zeigefinger können links und rechts neben der Wunde aufgelegt werden, um ein eventuelles Zucken des im Ernstfall ja quicklebendigen Patienten abzufangen.

Die Nadel wird dann im spitzen Winkel von ca. 30° durch die Haut gestochen. Das tut euch mehr weh als dem Patienten. Der merkt wirklich nur den Piekser. Wenn ihr die Nadel dann einen Zentimeter unter der Haut an einem der beiden Wundränder bis ans andere Ende der

Wunde vorschiebt, merkt der Patient das überhaupt nicht mehr. Er spürt es nur dann, wenn ihr hin- und herwackelt. Und damit ihr das eines Tages profihaft zustande bringt, übt ihr es ja hier am toten Tier. Wer diese Disziplin noch besser beherrschen möchte, kann später zu Hause Mutters Orangen, Bananen, Steaks oder Würstchen mit destilliertem Wasser injizieren. Sie sind ein brauchbarer Behelf.

Eine spürbare Hilfe beim Injizieren kann es sein, wenn ihr die Nadel, solange sie noch in der Schutzhülle steckt, biegt. (Zeichnung Nr. 70)

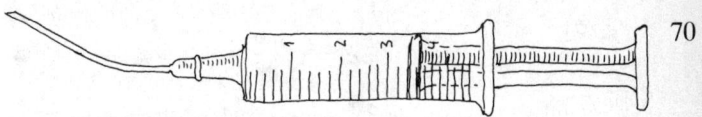

70

Dieser Minitrick erleichtert das Einstechen und Vorschieben der Nadel.

Mit der Nadel am Ende des Wundrandes angekommen, geschieht etwas sehr Wichtiges, das bei jeglicher Injektion zu erfolgen hat: ihr aspiriert. Das ist Arztlatein und heißt nicht, daß ihr ein Aspirin schlucken müßt, sondern es bedeutet, daß ihr den Kolben der Spritze ein wenig anzieht. Damit stellt ihr fest, ob ihr zufällig in einer Ader sitzt. Ist das der Fall, schießt das Blut rot und sichtbar in den Kolben. In diesem Falle zieht ihr die Spritze 1/2 cm zurück und aspiriert neu. Kommt kein Blut, wird das Anästhetikum (bzw. eure Kochsalzlösung) gespritzt. Aber nur etwa 1/8 des Spritzeninhalts. Ist das erste Achtel verabreicht, zieht ihr die Nadel ruhig und geradlinig um einen Zentimeter zurück und spritzt erneut. Alle Zentimeter ein Achtel Serum. Schließlich seid ihr beim Zurückziehen fast an der Einstichstelle angelangt. Da wird die Nadel aber nicht herausgezogen, sondern lediglich rumgeschwenkt und am anderen Wundrand vorgeschoben. Wieder bis an das Ende. Und wieder wird zunächst aspiriert und dann gespritzt. Beim Zurückziehen und weiterem Injizieren ist die Aspiration nicht mehr nötig. (Zeichnung Nr. 71)

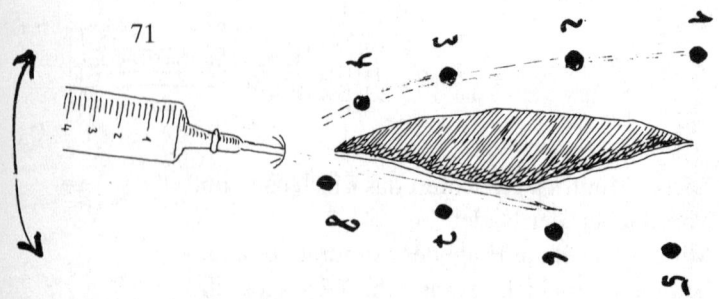

Endlich seid ihr fertig. Die Nadel wird herausgezogen, vom Kolben gelöst und umgekehrt in ihn hineingeschoben. Das hat Sicherheitsgründe, denn die größte Gefahr bei solchen kleinmedizinischen Tätigkeiten ist – neben unsterilem Arbeiten – die Verletzung durch Nadeln und Glasampullen. Also auch die Ampullen sicher vernichten und nicht einfach in den Mülleimer werfen.

Das Anästhetikum benötigt einige Augen-

blicke, ehe es seine Wirkung voll entfaltet. In dieser Zeit bereitet ihr das Vernähen vor.
Eure sterilen Instrumente liegen auf dem ebenso sterilen OP-Tuch. Das sind im einzelnen (Zeichnung Nr. 72): Tupfer, 1 Nadelhalter (im Übungsfalle auch Kombizange), Nadel mit Garn (Naht), 1 chirurgische Pinzette, 1 chirurgische Schere (im Übungsfalle jede beliebige Schere), 1 Skalpell, Handschuhe.

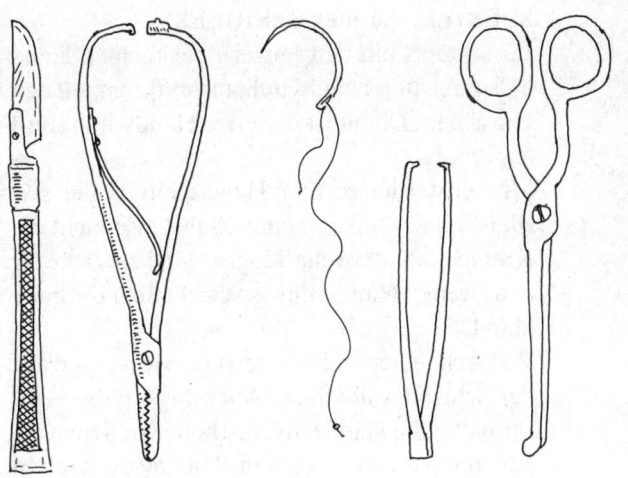

72

Der Operateur wäscht sich die Hände und zieht sich sterile Gummihandschuhe an. Steril sind sie nur, wenn die Packung unversehrt ist. Das stellt man fest, indem man diese drückt. Entweicht die Luft, ist sie nicht mehr steril. Dann nimmt man eine andere, eine intakte Packung, die geöffnet wird.
Die Finger der Handschuhe stecken noch in der

ungeöffneten Packungshälfte, während die umgekrempelten Armansätze herauslugen und auf ihren Einsatz warten. Die Daumen weisen jeweils nach außen, wenn die Handschuhe vor euch liegen. Und jetzt paßt gut auf:
Die linke Hand greift den rechten Handschuh. Sie berührt aber nur dessen Innenfläche. Denn es ist nun von ausschlaggebender Bedeutung, daß immer UNSTERILES (= Hände) UNSTERILES (Handschuhinnenfläche) berührt. Und STERILES berührt STERILES.
Ihr schlüpft mit den Fingern der rechten Hand in den rechten Handschuh und entkrempelt den Umschlag. Damit ist der erste Handschuh steril angezogen.
Mit der sterilen rechten Hand greift ihr den sterilen Teil des linken Handschuhs, also nicht die Krempe, sondern die Finger. Und so zieht ihr den zweiten Handschuh geschickt über die linke Hand.
Wahrscheinlich steht ihr jetzt da wie jemand aus der Schwarzwaldklinik. Aber das muß so sein. Ihr haltet die Hände in Brusthöhe vor dem Körper, ohne ihn zu berühren. Die angewinkelten Unterarme zeigen nach oben. Ihr dürft jetzt nichts Unsteriles mehr berühren, weder den Tisch noch euch selbst, noch die nette Assistentin oder den netten Assistenten. Wohl aber dürfen die euch anfassen. Gerne überall, nur nicht an den Handschuhen. Sie sollten euch den Haarschutz über den Kopf ziehen und den Gesichtsschutz anlegen. Dort, wo die Nase sitzt, biegt man die Metallklammer, die unsichtbar im

Gesichtsschutz sitzt, und paßt sie der Nase an. Steht im Ernstfalle kein Helfer zur Verfügung, legt ihr euch diese Utensilien selbst an. Das hat dann *vor* Anlegen der Handschuhe zu geschehen.
Jetzt ist die Wunde narkotisiert, und das Nähen kann beginnen. Ihr öffnet das sterile Päckchen mit der Nadel und dem bereits eingefädelten Garn. Mit dem Nadelhalter greift ihr die Nadel am Ende des zweiten Drittels von der Nadel (von der Spitze aus gesehen). Ihr greift sie so, daß sie links im Winkel von 90° aus dem Halter schaut. Die erste Naht wird *in der Mitte* der Wunde gesetzt. Ihr steckt die Nadel 5 mm neben der Wunde durch die Haut, bis sie in der Wunde in ca. 5 mm Tiefe zum Vorschein kommt. Die chirurgische Pinzette kann euch dabei helfen, die Haut zu halten. Führt die Nadel dann ruhig weiter in den gegenüberliegenden Wundrand hinein. Und wieder kreisförmig von unten durch die gegenüberliegende Haut nach oben. Hierbei achtet bitte darauf, daß die Nadel kreisförmig, ihrer Krümmung entsprechend, bewegt wird. Andernfalls, bei unnötigem Hin- und Hergezerre, zerstört ihr weiteres Gewebe.
Sobald die Nadel genügend weit aus der Haut hervorschaut, löst ihr die Zange und greift die Nadel an ihrer Spitze, um sie vollends herauszuziehen. Der Faden wird fast bis zu seinem Ende, bis auf etwa 5 cm, durchgezogen.
Und nun wird der sogenannte chirurgische Knoten gemacht. Ich lehre euch die einfache Version, die mit den Fingern durchgeführt wird.

Wer die superprofessionelle und weitere Variationen wissen möchte, der möge sie meinem Medizin-Survival-Buch entnehmen.

Ihr legt die Zange beiseite. Das heißt in die sterile Schale oder auf das aseptische OP-Tuch, das jetzt eurem OP-Tisch entspricht.

Der chirurgische Knoten wird gemacht wie jener, den ihr mit Schnürsenkeln an euren Schuhen vollbringt, bevor die Schleife aufgesetzt wird. Beim Schuh macht ihr normalerweise ½ Schlag. Beim chirurgischen Knoten macht ihr einfach eine Umwicklung mehr. Marians Zeichnung sagt euch, wie das gemeint ist. Und auf diesen Knoten legt ihr dann zwei weitere mit je einem einfachen Schlag. (Zeichnung Nr. 73)

73

Die zuerst durchgeführte Doppelwicklung hat den Vorteil, daß sich ein solcher Knoten nicht mehr öffnet. Er wird aber nur so stramm gezogen, daß die Wunde geschlossen ist, ohne einen Wulst zu bilden. Der Knoten soll nicht auf der Wunde liegen, sondern seitwärts neben dem Einstich. Dann werden die Fäden abgeschnitten. Zipfelchen von je 1 cm sollten noch stehenbleiben. Sie werden später beim Ziehen der Fäden benötigt.

Die nächsten Knoten werden jeweils in die Mitte zwischen Wundende und vorhandenem Knoten gesetzt. Mit drei Knoten wäre unser 4-cm-Schnitt geschlossen.

Zum Schluß erfolgt erneutes Abreiben der Haut mit Desinfektionsmittel und das Aufkleben eines schützenden Pflasters.

Nach fünf Tagen können die Fäden gezogen werden. In diesem Falle, an eurem toten Kaninchen, übt ihr es besser gleich anschließend. Das geschieht mit ungeschützten, wohl aber sauberen Händen, der Pinzette und der chirurgischen Schere. Die Pinzette greift eines der beiden Fadenenden des Knotens und hebt ihn so an, daß die Schere mit der stumpfen Klingenspitze unter den Faden kommt und er durchgeschnitten und herausgezogen werden kann. Das geht ganz leicht. Und damit wären wir bereits am Ende dieser Lektion.

Ihr könnt nun im Notfall, wenn kein Arzt erreichbar ist, kleine Operationen durchführen. Vielleicht wollt ihr nun sogar Arzt werden. Überlegt es euch gut. Vielleicht wollt ihr doch nicht ganz so »hoch« hinaus. Denn dieses neu erlernte Wissen befähigt euch auch zu anderen Berufen. Zum Beispiel zu dem des Schneiders, oder zu dem des Schlachters. Survival par excellence.

65. Das Schlachten

Wo wir gerade von Schlachten geredet haben, sei es auch gleich erklärt. Denn das Kaninchen als Versuchskaninchen hat nach den medizinischen Übungen ausgedient. Nun soll es genutzt werden, als solide Nahrung, denn nichts soll verkommen.

Betrachtet das Schlachten gleichzeitig als eine kleine Nachübung zu den beiden vorangegangenen Kapiteln. Es offenbart euch das Innenleben eines Lebewesens, das sich nicht so wesentlich von eurem unterscheidet. Mag zwar ein Kaninchen Gras im Magen haben, wo bei euch ein Marsriegel verdaut wird, so erfahrt ihr auch, wo das Herz sitzt und daß es eigentlich ganz anders aussieht, als ihr es aus Liebesbriefen kennt. Ihr seht das Labyrinth des Gedärms, fühlt die empfindliche Struktur der Lunge und wißt, wie es aussieht, wenn ein Lebewesen Fett angesetzt hat.

Man erleichtert sich das Abziehen des Felles, indem man um den Unterlauf der Hinterbeine, am Fußgelenk, eine Schlinge aus Bindfaden legt, an der das Tier so aufgehängt wird, daß die Hinterbeine gespreizt sind und der Bauch zu euch zeigt. (Zeichnung Nr. 74) Mit einem glatten, scharfen Messer macht ihr um das Fußgelenk einen Schnitt (1) durch Fell und Haut. Vermeidet es, ins Fleisch zu schneiden. Dann schneidet ihr das Fell an den Beininnenseiten auf bis zum After (2). Ist das geschehen, läßt

74

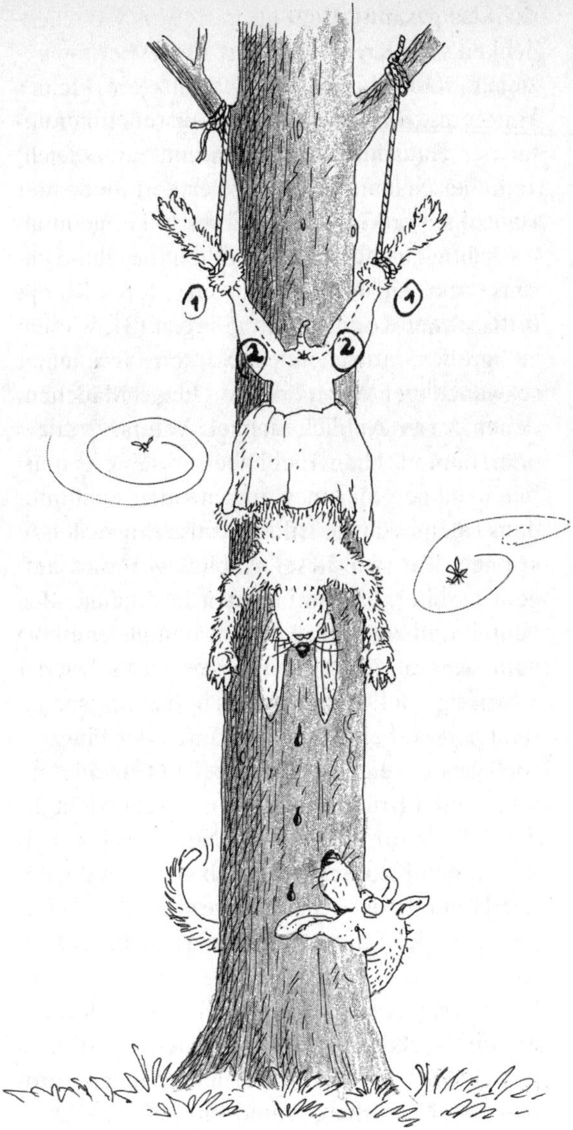

sich das gesamte Beinfell mit etwas Geschicklichkeit vom Kreisschnitt aus zum After hin abziehen. Dort bildet der Schwanz ein kleines Hindernis. Ihr könnt aber mit einem Finger unter der Haut hindurchfahren und sie so leicht vom Fleisch lösen. Genauso verfahrt ihr bei der Bauchhaut im Geschlechtsbereich. Wenn ihr alles richtig gemacht habt, müßten die Beine bereits nackt sein und das Fell vom unteren Rumpf in Richtung Kopf herunterhängen (3), wie ein zu großer, rutschender Socken von einer schwabbeligen Männerwade. Junge Mädchen, denen dieser Anblick mangels Vaters, Bruders oder unmodischen Liebhabers bislang erspart blieb, mögen an einen rutschenden Schlüpfer denken, um sich das Bild realistisch ausmalen zu können. Tut sich dieser Anblick vor euch auf, geht's weiter. Ihr umfaßt den lose hängenden Fellteil und zieht ihn langsam und gleichmäßig vom Rumpf. Erst am Kopf wird's wieder schwierig. Bei den Ohren mag das Messer lösend helfen, bei den Vorderläufen der Finger. Im Notfall, wenn ihr auch den Kopf zu einer interessanten Brühe verarbeiten werdet, zieht ihr das Fell bis zur Nase ab. Im Normalfall schneidet ihr den Kopf respektlos ab und gebt ihn eurem Hund. In der Wildnis wäre er auch ein wirksamer Köder für anderes Getier, selbst für Fische.

Wir hier im Camp nutzen ihn nur, um zu lernen, uns eine leckere Suppe zu bereiten. Zu diesem Zweck wird der Kopf etwas auseinandergebrochen oder zerschlagen und mit *kaltem* Wasser aufgesetzt. Ihr gebt Salz, Gemüse und Gewürze hinzu und laßt alles eine Weile kochen. Wenn sich Schaum bildet, schöpft ihn ab und schüttet ihn weg. Setzt man Fleisch-/Knochensuppen gleich mit *heißem* Wasser auf, sind sie weniger ergiebig, weil heißes Wasser das Eiweiß im Gewebe sofort gerinnen läßt. Dadurch bildet sich eine festere Schicht, ein Mantel. Das Fett in den Knochen kann nicht mehr austreten und eurer Suppe die Fettaugen bescheren.

Aber die Suppe sei nun schnuppe. Wir machen weiter beim Schlachten. Fell und Kopf sind ab, vor euch hängt der nackte Rumpf. Das Messer öffnet die Bauchdecke vom Genital bis an die Rippen. Dort, beim Brustbein, wird etwas Gewalt angewendet, bis auch der Brustkorb geöffnet ist. Das Gedärm fällt normalerweise von selbst heraus. Werft auch den Magen und die Lunge weg (vergraben!) und behaltet lediglich Herz, Nieren und Leber. In der Leber sitzt die dunkle, bohnengroße Galle. Trennt sie so heraus, daß sie nicht platzt. Sonst schmeckt die Leber wie Bittermandelpüree. Platzt sie dennoch, wascht die Leber sorgfältig ab.

Zu guter Letzt schneidet die Pfoten ab, und das Schlachten ist beendet.

66. Braten auf heißem Stein

Wie wird nun aus dem rohen Stück Fleisch etwas Genießbares? Hier sei eine Möglichkeit genannt. In manchen Restaurants ist es ein modischer Gag, bei unseren Vorfahren war es an der Tagesordnung, der Survivor macht es aus praktischen Erwägungen: Er brät sein Fleisch auf dem Stein. Denn dieses Küchengerät, den Stein, gibt es fast überall, und es erspart ihm die Mitnahme einer hinderlichen, schweren Pfanne. Natürlich kann er seine Eiweißbombe auch auf einen Rost aus frischen Ästen legen oder am Spieß braten. Aber wir wollen ja – wie bei allen Disziplinen – nicht nur *eine* Machart beherrschen, sondern möglichst viele. Erst dann erreichen wir die Vielseitigkeit, die uns in fast jeder Situation einen Ausweg finden läßt. Zumindest wiegt sie uns in guter Hoffnung. Getreu der Devise: »Wissen ist Macht. Wir wissen nichts. Macht nichts.«

Ihr sucht euch pro Person einen Stein, der die Größe eines Ziegelsteines hat und außerdem oben eine gerade bis schräge Fläche sein eigen nennt. Auch Ziegelsteine selbst sind geeignet. Die Steine sollten nicht im oder am Wasser gelegen haben, weil sie möglicherweise explodieren. Die Steine werden in reichlich Glut 15–30 Minuten vorgeheizt. Sie müssen durch und durch glühendheiß sein. Mit zwei Astgabeln praktiziert ihr den Stein an den Rand des Feuers. Das gewürzte und gesalzene Fleisch wird

draufgelegt und gewendet, sobald die untere Fleischhälfte gut angebraten ist. Zum Wenden zieht euren Handschuh an und nehmt das Messer oder kleine Astgabeln zu Hilfe.
Sofern ihr Öl, Butter oder tiereigenes Fett zur Verfügung habt, könnt ihr das Fleisch vor dem Würzen dünn damit einreiben, es erhöht den Wohlgeschmack. Aber auch ungewürztes Fleisch schmeckt gut, weil beim Braten Röststoffe entstehen, die aus dem faden Fleisch ein schmackhaftes Steak machen. Wer nicht aufs Salzen verzichten kann, taucht sein fertiges Fleisch vor dem Verzehr in die weiße Holzasche, die Ansammlung vieler Mineralien, der beste Salzersatz. Man muß sich nur sicher sein, daß in diesem Feuer wirklich ausschließlich Holz verbrannt wurde und keinerlei Kunststoffe, also weder Filmdöschen noch bunte Illustrierte.

67. Mahlzeit Nr. 4

Ihr werdet das gebratene Fleisch nicht ohne Beigaben essen wollen. Vielleicht mögt ihr eine Tütensuppe als Vorspeise und Folienkartoffeln mit Quark dazu? Das brauche ich ja wohl nicht weiter zu erklären. Bliebe nur der Nachtisch. Und da brauen wir uns eine Bananensuppe.

Pro Teilnehmer werden 2–3 reife Bananen geschält und mit den (sauberen) Händen zerdrückt. Gebt denselben Anteil Wasser hinzu und laßt diese Mischung unter Rühren gut aufkochen. Je nach Bananenart wird daraus eine Suppe oder ein Kompott, das ihr mit Bananen verdicken oder mit Wasser verdünnen könnt. Beim Kochen entwickelt die Frucht ein unerwartet angenehmes, säuerliches Aroma.

68. Das Haltbarmachen des Felles

Fürs ordentliche Gerben benötigt ihr Gerbsalze, Laugen und vor allem viel Zeit. Deswegen wollen wir überlegen, wie man sich das Tierfell wenigstens für einige Tage haltbar machen kann, falls ihr es gegen die Kälte braucht.
Denn bereits ein Kaninchenfell – genau wie ein Stück Papier – kann einen wirksamen Kälteschutz darstellen, wenn ihr euch damit eine Kopfbedeckung zaubert. Ich sagte es bereits im Kapitel der selbstgebauten Betten: Die meiste Wärme verliert der Mensch über den Kopf, denn der wird bei Kälte sehr stark durchblutet, damit die Temperatur bei 37° konstant bleibt. Da können euch die Beine und die Ohren bereits abgefroren sein, Kopf und Rumpf erfrieren als letztes. Aber dabei kühlt das rotierende Blut ab. Eine Fellmütze wirkt da Wunder. (Selbst der mit der Haut abgezogene Federbalg eines Huhns ist immer noch besser als Rüdigers Glatze pur.) Auch als Socken, Handschuh oder als Fellappen unterm Hemd auf der Brust getragen hält es eure Körperwärme und erspart euch Nahrung. Denn je schneller ihr auskühlt, desto eher fordert der Körper Wärmenachschub in Form von Nahrung an. Es beginnt mit Appetit, setzt sich fort mit Hunger über Bärenhunger bis hin zur soliden Panik.
Ihr könnt das frische Fell umkrempeln und – mit der Haarseite – über euren Kopf stülpen. Im Notfall ist das Aussehen unwichtig. Zieht ihr die (fri-

sche) Fleischseite über eure Haut, verdirbt das Fell schneller, weil die Fleischreste und euer Schweiß sich zu einer (untrinkbaren) Fleischsuppe (Bouillon à la Surviveur) vermanschen. Ist die Fleischseite hingegen außen, kann sie trocknen, und wir wissen ja bereits vom Trocknen der Lebensmittel, daß die (Fäulnis-)Bakterien Wärme und Feuchtigkeit benötigen, um zu Höchstform aufzulaufen. Die Wärme hätten sie dann zwar noch, aber die Feuchtigkeit fehlt ihnen. Merken wir uns also das Trocknen als eine Möglichkeit, ein Fell vorübergehend haltbar zu machen. Der Verderbnisvorgang wird auch durch Einreiben mit Salz unterbrochen, das wäre die zweite Möglichkeit zur Haltbarmachung. Ferner ist Kälte ein guter Konservator. Aber leider erhärtet das Fell sowohl beim Trocknen als auch beim Salzen und bei Frost. Und wenn man wirklich für längere Zeit auf weiches Fell angewiesen ist, bleibt einem nur die Eskimo-Methode der Haltbar- und Weichmachung: das stundenlange Durchkauen eines jeden Quadratzentimeters Haut. Die Enzyme des Speichels und die Kraft der Zähne übernehmen dann die Funktionen, die sonst die Gerbsalze haben.

Ein weiteres Schnellsystem ist das Räuchern: Ihr krempelt das Fell – wie immer beim Trocknen – mit der Fleischseite nach außen und haltet es, gespannt auf eine Astgabel, $1/2$ Stunde über starken Rauch. Dabei ist es wichtig, daß der Rauch kalt ist. Das heißt, die Glut muß gut abgedeckt sein. Ihre Hitze soll Rauch entwickeln und nicht das Fell anbraten.

69. Das Floß

So, Leute, der vierte Tag neigt sich dem Ende zu. Es wird Zeit, mal wieder etwas Solides zu machen. Der Verletzte jammert, daß er nach Hause will, die Mütter bekommen eine unfaßbare Anziehungskraft. Zwar habt ihr dem Verletzten Sicherheit, ein Feuer, Wasser und Nahrung beschert, ihr habt ihn über die Schlucht gebracht und ihm abends mit Zaubertricks und Musik das Fernsehen ersetzt. Aber euer Patient weiß das nicht zu würdigen. Er nimmt es als selbstverständlich hin und bestätigt mit seinem Gewimmer das kluge Wort vom Undank, der der Welt Lohn ist. Er fürchtet, und das mit Recht, daß ihr ihm sicherlich noch das Bein amputieren müßt, wenn er nicht bald in ein solides Krankenhaus gebracht wird. Sein Überlebensmotto *Lieber arm dran als Arm ab* – wird ihm da wenig helfen. Verständlich, denn er hat ja miterlebt, wozu ihr in den vergangenen Tagen fähig gewesen seid. Ihr werdet auch vor einer Beinamputation nicht zurückschrecken. Immer häufiger und ängstlicher wandern seine Blicke zur Axt, zur Säge, zum Spaten. Es schießen ihm solch blödsinnige Gedanken durch den Kopf, ob ihr sein persönliches Bein wohl beerdigen werdet oder abgebrühterweise braten. Zumal ihr das ja eben gerade gelernt habt. Und er kennt euer Motto: Probieren geht über Studieren. Und dann die Sache mit dem heißen Stein. Vielleicht nehmt ihr sein Bein auch nur als

Fischköder, um hinterher nicht als Kannibalen zu gelten. Er erinnert sich, wie ihr geschwitzt und gestöhnt habt, als ihr ihn auf der Trage schleppen mußtet. Und ihm ist es klar, daß auch ihr euch leicht ausrechnen könnt, um wieviel leichter das Tragen wäre, wenn er ein Bein weniger haben würde. Und plötzlich erwacht er aus seinen Fieberträumen und schreit (macht sich gut für den Video-Film): »Naiaiain!!! Mein Bein gehört mir. Ich will es nicht amputieren lassen!«

Und während ihr noch alle, von seinem Lebenswillen völlig überrascht, im Gespräch innehaltet, nutzt er die Chance und verkündet: »Ihr braucht mich nicht mehr zu tragen. Ich verrate euch, wie wir ein Floß bauen und alle gemeinsam nach Hause *fahren* können.«

Und damit euch Enttäuschungen erspart bleiben, hier ein Beispiel, wie man's nicht macht. Ein Beispiel aus dem Leben.

In Brasilien hatten wir nach langem Marsch einen Fluß erreicht. Langsam strömte er der entfernten Zivilisation entgegen. Von Menschen und Booten war keine Spur.

»Laßt uns ein Floß bauen«, schlug einer vor, und alle waren einverstanden. »Zum einen ist das praktisch, zum anderen geht's schnell, und zum dritten ist's romantisch«, meinte ein anderer. Wir waren zu dritt. Voraussetzung zum Floßbau ist eine Axt oder eine Säge. Das besaßen wir nicht, aber wir hatten doch immerhin zwei Haumesser.

Wir suchten das Ufer ab. »Da hinten sehe ich einen glatten, schlanken Baum. Er steht genau am Wasser. Wenn man es richtig anfängt, fällt er vollautomatisch in den Fluß hinein, und wir ersparen uns jeglichen Transport.« Und wenn man ihn dann im Wasser – herrlich gekühlt – noch einmal halbierte, war eigentlich das Floß bereits fertig. Denn ein einziger Stamm dreht sich noch um die eigene Achse, aber zwei, miteinander verbundene, tun das nicht mehr. Sie bilden bereits ein Floß. »Und wenn es uns zu schmal ist, binden wir die zwei Stämme etwas auseinander«, erklärte ein anderer von uns. Keine Probleme also für den Experten. Auch uns anderen leuchtete das Argument ein, selbst wenn man in Physik nur eine Vier gehabt hatte. Schließlich kannte man das auch aus hundert Wildwestfilmen und von Zigarettenreklamen. Da funktionierte es auch, warum also hier nicht? Daß die anderen Flöße in heimischen Wäldern gebaut worden waren, wo man das Holz kannte, schien uns im Moment nicht von Bedeutung zu sein. Dieses Holz kannten wir nicht, denn es wuchs in Brasilien. Aber schließlich ist Holz Holz. Egal, der Stamm vor uns war stark und gerade und wuchs bis in den Himmel. Wir begannen zu hacken. »Verteufelt hartes Holz«, stellte der Hacker fest. »Aber es löst sich Splitter um Splitter«, bemerkte ein scharfäugiger Rumsteher. Der Schweiß lief in Strömen. Fünfzig Schläge, Ablösung und ein kühlendes Bad. Staub rieselte von Lianen und löste starken Juckreiz aus. Fliegen gingen uns auf die Haut und auf die Nerven.

»Nur nicht aufgeben. Halb ist er durch.«
»Das stimmt, aber wir sind auch schon drei Stunden am Arbeiten.« Die Haumesser waren längst stumpf, und Steine zum Schärfen gab es nicht. Also mühten wir uns weiter. »Wahrscheinlich kippt er gleich von selbst. Wir müssen ihn bestimmt nicht ganz durchschlagen.« Solcher Trost belebte. Und tatsächlich: In der fünften Stunde sah der Baum ein, daß er gegen uns keine Chance hatte. Er ging in die Knie und schließlich mit Donnern und Bersten zu Wasser. Wir waren beim ersten Knacken zur Seite gesprungen, falls er in eine andere Richtung fallen würde.
Dann war Ruhe. Wir kamen aus dem Versteck wieder heraus, fielen uns um den Hals und jubelten über den Lohn der Fron – bis wir aufs Wasser blickten.
»Wo ist denn der Baum?« Irgendeiner hatte es bemerkt. Wie geohrfeigt zuckten unsere Köpfe zum großen Strom. Der zog still und gelassen vorüber, wie eh und je und wie vor fünf Stunden. Vom Baum keine Spur, er war untergegangen, das Holz war schwerer als Wasser. Diese Enttäuschung hatte nachhaltige Wirkungen. Seitdem werfe ich bei jeder ähnlichen Gelegenheit als allererstes ein Probeästchen ins Wasser.
Euch möge solch herbe Enttäuschung erspart bleiben. Deshalb machen wir es ganz anders. Naturschützerischer einerseits, und mit dem Ballast der Zivilisation andererseits.
Es beginnt mit dem festen Zuschrauben aller

verfügbaren Kanister. Egal, ob leer oder voll. Dann nehmt die Axt und holt zwei armstarke Stämme, vier Meter lang, und ein paar kurze, zwei Meter lang. Ein Mickrig-Mini-Floß läßt sich bauen mit mindestens drei Kanistern. Die legt ihr dann im Dreieck und steckt sie mit den kleinen Baumstämmen zusammen. Flöße aus vier und mehr Kanistern baut ihr rechteckig (Zeichnung Nr. 75). Je mehr Kanister, desto größer das Floß. Bis hin zu einem Phantasie-Modell. Wenn eure Zeit reicht und ihr euch als Baumeister beweisen wollt, baut ein A-Dach drauf oder stellt das Zelt auf die Plattform. Ihr könnt es auch mit Blumen schmücken, einen Mast für ein Segel errichten, euch mit einer Reling umgeben und mit zwei Steuern. Ein Floß, das ja immer nur gleichschnell sein kann wie der Fluß, muß zwei Steuer haben, eins hinten, eins vorn.

Für ein solches Großraum-Schulfestival-New-Life-Floß braucht man allerdings ein paar Kani-

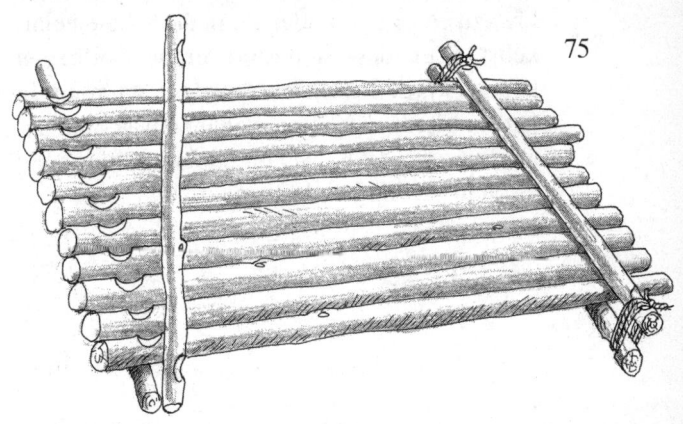

75

ster mehr. Das Holz schwimmt selbst, Naturtalent, aber was ihr an Dekoration aufs Floß draufpackt, braucht pro Kilo einen Liter Luft im Kanister. Das heißt: 100 kg Mensch brauchen 100 l Luft, sofern sie voll aus dem Wasser ragen sollen, oder genügend Paddler. Vor allem dann, wenn es sich um einen schnellen Fluß handelt. Sonst genügen auch Stangen, mit denen ihr euch immer wieder vom Land abstoßt. Ferner baut ihr euch Paddel, ein Salatbeet, einen Ausguck und sogar eine Feuerstelle. Da genügen ein durchlöcherter Eisentopf für die Glut oder dicke, frische Stämme, dicht aneinandergelegt. Daß die Feuerstelle nicht gerade über einem Kanister angelegt wird, ist sicher auch ohne Hinweis klar. Sonst seid ihr ebensowenig dicht wie ein solcher Kanister. Am besten erklärt euch Marians Zeichnung (Nr. 76) das einfache und preisgekrönte Turbo-Modell 2000. Dafür sind dann allerdings ein paar Kanister mehr nötig.

Wenn ihr wirklich mit diesem Ding auf einem Fluß zu eurer Stadt oder gar in die Schule heimkehrt oder das Floß dort erneut aufbauen könnt, werden auch eure Neider schmunzeln und anerkennen müssen, daß ihr etwas Einmaliges improvisiert habt. Und in eurem Film wird es dann die bleibende Erinnerung.

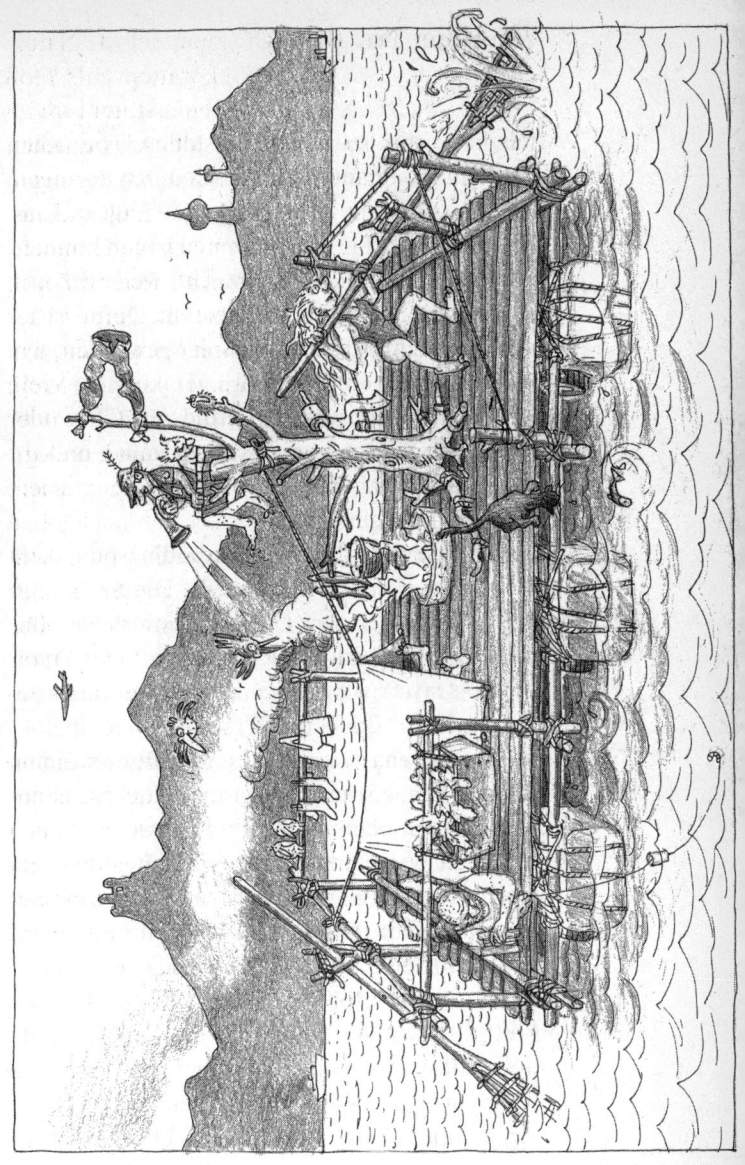

70. Feuer Nr. 4

Ich kann mir so richtig vorstellen, wie beim Floßbau die Phantasie mit euch durchgegangen ist. Obwohl man ein solches Fahrzeug in Einfachversion locker in 30 Minuten bauen könnte, habt ihr Stunden dazu gebraucht, weil euch immer noch ein Gag eingefallen ist. Dafür ist es auch ein wahres Prachtexemplar geworden, wo jeder seine Ideen voll einbringen konnte. Vielleicht schickt ihr mir ein Foto des Endproduktes, damit ich mich auch freuen kann, und irgendwann werde ich das »Obergeilste« mit einem Preis auszeichnen.

Dazu passend und genauso turbodingsbums soll die nächste Feuermethode sein. Die Sache mit der Watte oder der Baumwollunterhose. Ihr habt die Watte in eurer Feuerdose oder Apotheke. Davon zupft ihr ein Stück in längliche Form wie ein Buchenblatt, streut einen Teelöffel Zigarettenasche darauf und rollt es stramm auf wie eine Zigarette, legt diese auf ein Brett und tretet mit dem Fuß darauf. Besser noch ist, zwischen Watte und Schuh ein zweites Brett zu legen, denn nun wird's heiß: Mit mäßigem Druck schiebt ihr den Fuß hin und her, oder, besser, ihr zieht den Schuh aus und macht es per Hand oder per *Brett* und Hand. Ohne das Oberbrett kann es sein, daß euch die Socken qualmen. Das wäre zwar schlecht für die Socken, aber sehr gut gegen Fußpilz, wenn vorhanden. Aber dann schlagt ihr eben zwei Fliegen mit einer Klappe. Also, wenn's qualmt (mindestens 200mal rollen), Rolle vorsichtig aufbrechen und zart pusten. Auf jeden Fall werdet ihr in weniger als drei Minuten Glut haben. (Zeichnung Nr. 77)

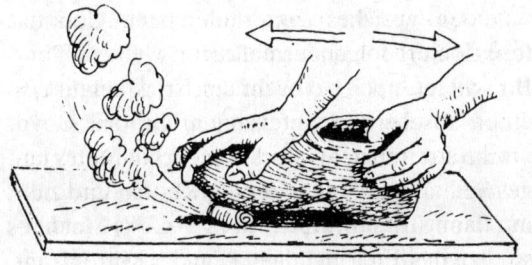

77

Ohne Asche ist die Chance, Feuer zu erhalten, gleich Null. Der Grund, weshalb die Wolle/Watte mit Asche viel schneller entflammt – wir hatten's schon –, mag der gleiche sein wie der, daß Kerzen, die bereits gebrannt haben, sich ebenfalls schneller entzünden lassen.

71. Zaubertrick Nr. 4: Das verhexte Taschentuch

Vier Taschentücher werden auf ein Seil geknüpft und fest verknotet. Die Zuschauer entscheiden, welches runterfallen soll. Und das funktioniert folgendermaßen:

Ihr schlagt, noch bevor ihr den Trick beginnt, in einen Taschentuchzipfel einen Knoten. Bevor ihr ihn strammzieht, steckt ihr ein ein Meter langes Seil als Schlaufe in diesen Knoten und zieht ihn dann stramm. (Zeichnung Nr. 78) Macht es so, daß das Tuch nicht genau in der Mitte hängt, sondern etwas daneben. Wenn ihr das Seil hochhalten würdet, sähe es für die Zuschauer so aus, als wäre das Tuch fest ums Seil geknotet. Aber ihr zeigt es ihnen nicht, sondern habt den so vorbereiteten Trick, zusammen mit drei losen weiteren Taschentüchern, auf einem Tablett oder in einem Topf. Merkt euch vor allem euer präpariertes Tuch. Dann ergreift ihr das Seil, egal wo. Ihr faßt es zwischen dem Ende und dem präparierten Taschentuch. Das Tuch selbst bleibt aber liegen, damit niemand sieht, daß dieses bereits verknotet ist.

Und nun bittet ihr einen Zuschauer, eines der Taschentücher (gebt es ihm) mit einem einfachen Knoten *um* das Seil zu binden. Ein anderer Zuschauer knotet das nächste Tuch, ein dritter das dritte Tuch. Durch das Hinhalten der Seilstelle, *wo* der Zuschauer das Tuch zu verknoten hat, beeinflußt ihr so, daß zwei Tücher auf das

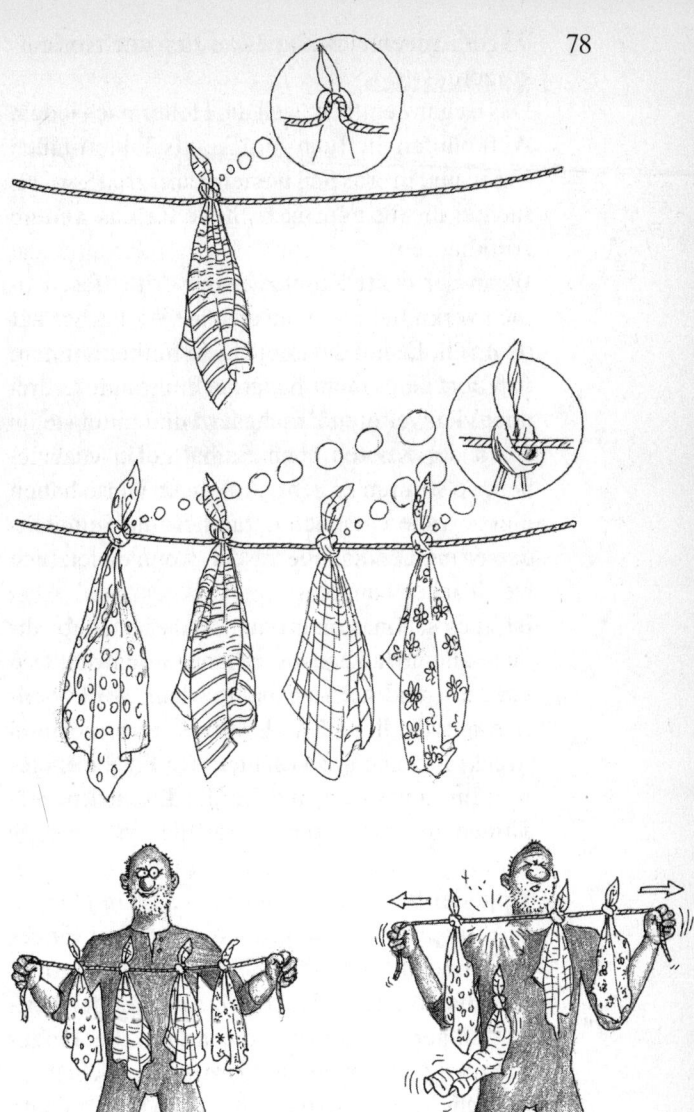

längere Seilende geknotet werden und eins aufs kürzere.

Das ist ganz einfach, weil die Helfer nach jedem Aufknüpfen ihr Tuch zurück aufs Tablett fallen lassen und ihr das Seil immer neu ergreift, so, als suchtet ihr die günstigste Stelle für das weitere Aufknüpfen.

Wenn der dritte Zuschauer das dritte Taschentuch verknotet hat, hängen alle vier Tücher auf dem Seil. Damit die Leute nicht mitbekommen, daß dort eines mehr hängt, geht ihr nun zu drei oder vier weiteren Zuschauern und bittet sie, je einen der Knoten noch einmal gut nachzuziehen, so stramm es geht. Auf diese Weise haben nun so viele Personen daran herumgefummelt, daß es niemanden überrascht, wenn da letztlich vier Tücher hängen.

Ist alles schön stramm auf der Leine, hebt ihr diese an und laßt sie runterhängen, schwenkt sie kurz hin und her und nehmt dann beide Seilenden in die linke Hand. Mit der rechten Hand streckt ihr einem Zuschauer vier Finger entgegen. Ihr sagt: »Dies sind die vier Taschentücher. Tippen Sie bitte irgendeinen der vier Finger an.«

Tippt der Betreffende einen der äußeren Finger an, klappt ihr ihn weg. Es bleiben drei Finger übrig und ihr sagt: »Aha, Taschentuch Nummer drei soll abfallen.« Hat der Zuschauer den dritten Finger angetippt, braucht ihr die Finger nicht wegzuklappen, sondern sagt gleich: »Sie wünschen also, daß das dritte Tuch fällt?« Dann nehmt ihr das Seil so zwischen eure Hände, daß

es waagerecht gespannt ist und daß das dritte Tuch (aus der Position des Zuschauers) das präparierte ist. Dann blast ihr gegen Tuch drei und zieht das Seil im gleichen Moment stramm. Das Tuch fällt ab.
Hat der Zuschauer den zweiten Finger angetippt, braucht ihr die Finger ebenfalls nicht wegzuklappen. Ihr sagt einfach: »Aha, Sie wünschen also, daß das zweite Tuch fällt?«
Auch dann nehmt ihr das Seil waagrecht zwischen eure Hände. Aber diesmal arrangiert ihr es so, daß das präparierte Tuch als zweites (aus Sicht der Zuschauer) auf der Leine hängt.
Damit wäre der vierte Tag überstanden.

Der fünfte Tag

72. Das Klettern

Der Frühsport hat euch gelockert, das Frühstück gestärkt. Eine gute Gelegenheit, die Wirkung sinnvoll einzusetzen. Das tun wir nun beim Erlernen des Bergsteigens.
Ideal wäre, wenn der gastgebende Bauer euch eine 3–5 Meter hohe Mauer für die Übung freigäbe. Außen oder innen, das ist egal. Ihr müßt ihn jedoch darüber aufklären, daß hinterher zehn Haken in der Wand sein werden. Sagt ihm, daß die Dübellöcher nur 10 mm Durchmesser haben. Es ist kaum anders, als würde er einen Kunststoffdübel einsetzen. Einige Bauern mögen sich darüber freuen, einigen wird es egal sein, und andere werden es ablehnen.
Wenn ihr euren Trainingsort per Checkliste ausgewählt habt, werdet ihr das Problem schon damals geklärt haben.
Im Falle der Ablehnung gibt es jetzt folgende Ausweichmöglichkeiten: Ihr schaut euch in der Umgebung nach einer anderen Mauer um. Vielleicht steht da ein abbruchreifes Gebäude gelangweilt in der Gegend herum und wartet geradezu darauf, eure Dübel im Leib zu spüren, zum Leben zu erwachen und eine Erstbesteigung zu erfahren. Ist auch damit nichts los, bleiben euch

die elterlichen Häuser und die Schule. Besonders Schulen scheinen mir für die Schaffung von Kletterwänden prädestiniert. So, wie man Turnvater Jahn zuliebe Turnhallen eingerichtet hat, sollte man nun im Zeitalter des Survivals Kletterwände bauen. Wenn die Schulleiter und Lehrer das mit »Verantwortung« abzulehnen versuchen, gesteht ihnen zu, daß diese Löcher vom *Hausmeister* per Schlagbohrmaschine fachgerecht gedrillt werden.

Sie sind wirklich mit Taschengeldaufwand, also ohne Belastung der Kulturbehörde, zu erstellen. Man muß nur wollen. Griffe, Tritte, Spalten, Risse, Überhänge, Gipfelkreuze, Picknickplätze – das alles kann man sich vom Schrotthändler besorgen (möglichst in rostfrei) und anschrauben, oder man bildhauert die Profile per Meißel und Schlagbohrmaschine in den Stein.

Die folgende Zeichnung (Nr. 79) zeigt eine Kletterwand aus dicken Holzbrettern, die viele Vorteile hat. Sie ist transportabel (für Wettbewerbe); sie kann für Anfänger als Erleichterung zunächst schräg aufgestellt werden; sie kann für »Mini-Messners« schließlich überhangig oder gar waagerecht unter die Decke praktiziert werden, und ihr könnt sie verkaufen, wenn ihr eines Tages mit Survival nichts mehr am Hut habt und euch z. B. in Spießer verwandeln wollt.

Die einfachste Version für eine Projektwoche wäre das geschnitzte Einzelbrett. Es kann auf eine Leiter gebunden und in jeder Schrägung an die Wände gestellt werden. Vielleicht sollte man diese Kletterwände sogar für den Verkauf

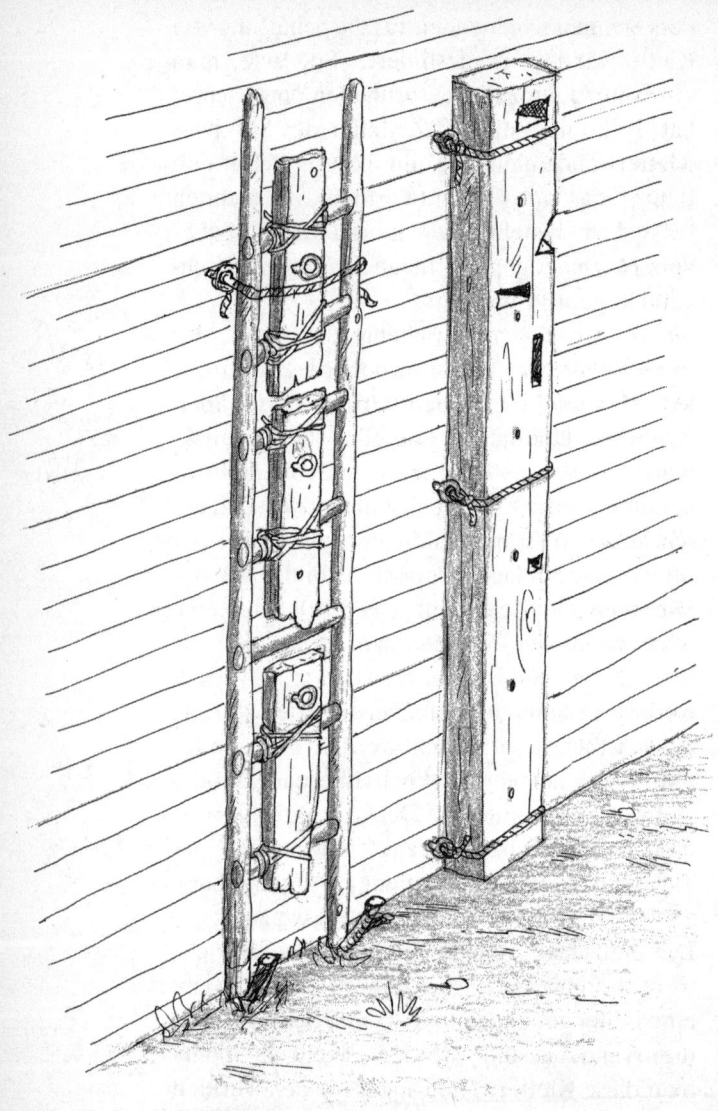

herstellen? Was haltet ihr davon? Sind irgendwelche dieser Voraussetzungen geschaffen, beginnt das Klettern. Der erste Vorturner von euch steigt in den Ganzkörpergurt. Er trägt das Bergsteigerseil im Rucksack oder sonstwie auf dem Rücken. Die übrigen Teilnehmer haben ihm ihre Karabiner geliehen, denn er benötigt mehrere. Er hängt sie sich an den Brustgurt, dazu die zwei Expreßschlingen, die vorn vor der Brust eingeklinkt werden. Die beiden Fifis sind mittels einer ein Meter langen Perlonschnur von 2–3 mm Stärke gegen das Verlieren gesichert, das gleiche gilt für den Hammer. Diese Teile hängen irgendwo im Gürtelbereich.
Der Dübelsetzer und die Haken sind in einer der Hosentaschen. Schließlich gleicht der Kletterer einem geschmückten Weihnachtsbaum oder Pfingstochsen, und es kann losgehen.
In Kopfhöhe beginnt der Vorkletterer mit dem Einschlagen des ersten Bohrhakens.
Er hält den Dübelsetzer auf die Mauer wie einen Nagel, der eingeschlagen werden soll. Wenn es sich bei der Wand um eine aus Ziegelsteinen handelt, drückt er ihn mitten auf einen Stein und nicht in die Fuge. Dann pickt er mit dem Hammer auf den Dübelsetzer, der dabei ständig hin- und hergedreht wird. Dadurch entsteht ein kreisrundes Loch, und der Ziegelstaub fällt heraus. Es muß so tief sein wie der dazugehörige Dübel des Bohrhakens. Ist das der Fall, führt er von hinten den Keil in den Dübel und schlägt ihn in das Loch. Der Keil läßt das Ende des Dübels im Loch aufpilzen. Dadurch verblockt er

unwiderbringlich. Er ist also für euch verloren. Ihr kriegt ihn nur wieder raus, wenn der Stein zerspringt.

In den Bohrhaken hängt ihr – per Karabiner – eure erste Expreßschlinge ein, die am anderen Ende ja fest vor eurem Brustbein am Kombigurt gesichert ist. Wählt die kurze Einstellung, damit ihr eng an die Wand »gefesselt« seid und euch das Nah-an-der-Wand-Stehen keine Kraft kostet. Damit seid ihr auch gegen den Absturz gesichert. Um die Zuverlässigkeit des Hakens zu kontrollieren, hängt euch – zunächst vorsichtig und dann ruckartig – in die Schlinge. So bekommt ihr allmählich ein Gefühl für Gestein und Material.

Nie dürft ihr einem Haken voll vertrauen. Ihr wißt ja: Vertrauen ist gut, zwei Haken sind besser. Deshalb ist es jetzt wichtig, sich eine zweite Sicherung zu verschaffen. Dazu klinkt ihr – neben die Expreßschlinge – den ersten Fifi in den Haken und klettert in den Sprossen so hoch ihr könnt. Das sind meist nur zwei Stufen. Mehr läßt die halbe Expreßschlinge nicht an Bewegungsfreiheit zu. Jetzt schlagt ihr den zweiten Haken ein und sichert euch mit der zweiten Expreßschlinge. Die erste könnt ihr dann auf *volle* Länge umstellen. Danach wechselt ihr euch mit einem Kursusteilnehmer ab, damit jeder zumindest einen Haken selbst schlägt. So kommt ihr langsam, aber sicher höher. Schwieriger wäre nur noch das Klettern an überhängender Wand, und das womöglich bei Eis und Sturm und Nacht.

In der Praxis bieten sich am Fels oft natürliche Erleichterungen. Das sind Risse, Griffchen, Trittchen, Spalten. Da muß man nicht alle 50 cm bohren, sondern schlägt einen der vielgestaltigen Haken ein, die der Handel bietet und die genau für die vorgefundene Art von Spalt und Gestein passen. Ein Blick in das Gratis-Globetrotter-Handbuch, Postfach 70 07 09, 2000 Hamburg 70, wird euch einen Eindruck davon vermitteln. Wer sich eingehender mit der faszinierenden Kunst des Kletterns befassen will, dem sei das Buch »Bergsteigen heute« von Huber im Bruckmann-Verlag, München, empfohlen. Dort wird er lernen, wie man mit möglichst wenig Material und felsschonend in jeglichem Gelände klettert und wie man sich sogar bis zum Freikletterer entwickeln könnte. Ihr habt ja neben dem Bohrhaken einen Fichtelhaken im Gepäck. Irgendwo findet ihr sicher einen schmalen, waagerechten Riß. Schlagt den Haken hinein und erprobt seine Zuverlässigkeit (Zeichnung Nr. 80).

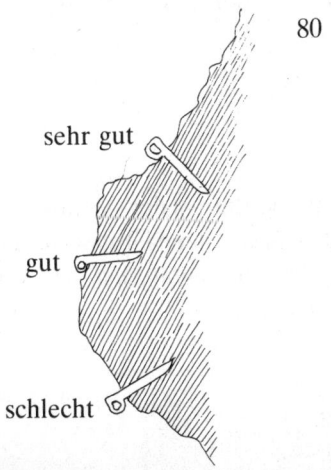

Nach Gebrauch löst ihr ihn wieder. Das ist auch in der Praxis üblich (und der Natur gegenüber Pflicht). Um ihn zu lösen, tickert ihr mit dem Hammer so lange links und rechts und links und rechts dagegen, bis er sich löst und (sofern ihr einen Bergsteigerhammer habt) ihr ihn mittels Hebelkraft (Zeichnung Nr. 81) herausziehen könnt. Solch ein Haken läßt sich dann noch ein paarmal verwenden, bis er irgendwann mürbe wird, dann wird er verschrottet.

81

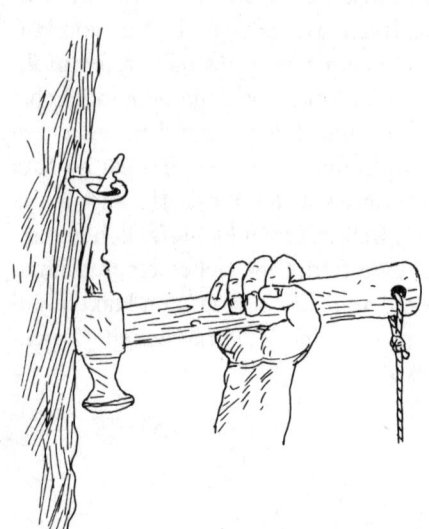

Zu guter Letzt klettert jeder von euch – unter **ständiger** Beachtung der Selbstsicherung – bis **ganz nach** oben und seilt sich von dort ab. **(Zeichnung** Nr. 82)

73. Ekelsuppe

Was wäre ein Survivaltraining ohne zünftige Suppe aus unkonventionellen Zutaten: flüssige Pizza à la Sir Vival? Richtig, das wäre kalter Kaffee, ein reiner Vegetariertreff. Laßt die Leute euch gern Würmerfresser schimpfen. Ihr ignoriert solche Ästheten und tragt deren Äußerungen mit Wurm und Würde. *Das wurmt* sie am meisten. Ich ertrage dieses Los seit einem Vierteljahrhundert. Dafür werde ich mir gelegentlich selbst den Goldenen Wurm verleihen. Denn ich weiß: Neid ist der beste Erfolgsindikator.

Nun müßt ihr aber nicht befürchten, daß Unmögliches von euch verlangt würde. Erstens ist dieser Akt völlig freiwillig, zweitens will ich Mensch bleiben, und drittens greifen wir zu einem Trick, der den Einstieg in das Thema »Ungewöhnliche Nahrung« *sehr* erleichtert und euch die Nichtigkeit mancher Vorurteile beweisen wird. Also: Take it easy, aber take it.

Der Trick heißt: zwei Tüten Fertigsuppe »Leipziger Allerlei« oder »Frühlingssuppe«. Diese Suppe vermittelt euch den althergebrachten Mischsuppengeschmack. Er übertönt die nun noch hinzuzufügenden Zutaten, obwohl da gar nichts zu übertönen ist. Aber ihr wißt ja: Psyche verlangt Beachtung. Diese unsere »Kraftbrühenmischung« hat den Vorteil, eiweiß- und fetthaltig zu sein. Das ist ein gewaltiger Unterschied zu jenem reinen Grünzeugfutter mit sei-

nen Vitaminen und Wasser, jenem Karnickelfutter.
Mit Rüdis Allerlei, Sir Vivals Tutti-Frutti, könnt ihr wieder echte Leistung bringen.
Gebt also folgende zusätzliche Zutaten in die Suppe:

An Eiweiß
Heuschrecken (Kopf zerdrücken, um sie nicht zu quälen, Sprungbeine fortwerfen), schmecken als schnelle Vorspeise auch roh (wie vorweihnachtliche Haselnuß); Fliegen (komplett); Regenwürmer, zerkleinert, schmecken gekocht wie Spaghetti: Reghetti à la carte; Mäuschen

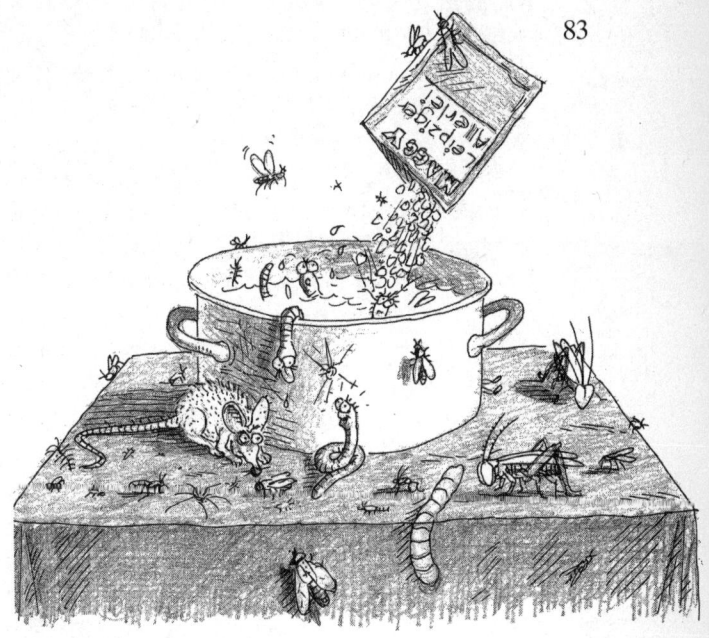

(sofern vorhanden); Wasserflöhe (bei gutem Wetter im warmen, flachen Wasser, mit zum Catcher umgearbeiteten Strumpf fangen).

Und an Gemüse
Brennesselblätter, Algen, Entengrütze, Gänseblümchen und was ihr im Kapitel Wildgemüse sonst noch kennengelernt habt.
Das alles wird nach Gebrauchsanweisung der Tütensuppenhersteller gekocht und heiß serviert. Eßt die Suppe notfalls zunächst mit geschlossenen Augen. Spätestens wenn sie verzehrt ist, werdet ihr erstaunt fragen: War das alles? Wo war denn nun der Wurm? (Zeichnung Nr. 83)

74. Mahlzeit Nr. 5

Da ihr heute schon wieder zu Hause Abendbrot bekommt, wollen wir's heute mittag kurz machen. Neben der berüchtigten Ekelsuppe soll's Milchreis geben. Als Streicheleinheiten für die Magenwände.
Pro Teilnehmer genügt eine Tasse voll Reis. Laßt euch nicht durch euren Hunger von der scheinbar geringen Menge täuschen. Das ist allerhand, denn Reis quillt sehr stark auf. Dazu gebt ihr gut 1/2 Liter Wasser und 1/2 Teelöffel Salz. Das wird unter gelegentlichem Rühren gekocht, bis die Kostprobe ergibt, daß der Reis weich ist. Ist das Wasser bereits aufgesogen, bevor die Körner gar sind, schüttet ihr Wasser nach. Sind die Körner weich und es ist noch ungebundenes Wasser im Topf, schüttet es vorsichtig ab oder laßt den Reis nach Belieben suppig. Erst jetzt gebt ihr euer mit kaltem Wasser zu Brei verrührtes Milchpulver hinzu. Pro Esser drei gehäufte Löffel sollten es schon sein, damit man die Kuh durchschmeckt. Statt Wasser und Milchpulver kann man den Reis auch gleich mit echter Milch kochen. Das hat jedoch den Nachteil, daß *ständig* gerührt werden muß, weil die Milch leicht anbrennt. Die Wassermethode verringert also das Risiko. Über den Reis streut ihr ein Zucker-Zimt-Gemisch, oder ihr genießt ihn mit viel Fruchtkompott, um dann zu Potte zu kommen. Denn das nächste Kapitel wartet bereits sehnsüchtig darauf, beachtet zu werden.

75. Der Bau einer Hütte

Nach dieser Wahnsinnsstärkung kommt erneut etwas Praktisches. Wir setzen einfach mal den Fall voraus, daß ihr *keine* Regenfolie dabeihabt, und bauen auf die schnelle einen Unterschlupf. Gegen einen Baumstamm lehnt ihr eine drei Meter lange Astgabel, die am ungegabelten Ende vorher in die Erde gerammt wurde. (Zeichnung Nr. 84) Gegen diesen Dachfirst lehnt ihr von beiden Seiten dünne, verzweigte Äste, zeltartig, im Winkel von 45°. Auch diese Äste werden leicht in die Erde gesteckt, damit ihr sie nicht nachts im Schlaf beiseite drückt und der nächste Hurrikan euch nichts anhaben kann. Dann wird das Dach gedeckt. Schaut euch in der Umgebung nach »Dachpfannen« um. Das können sein: langes Gras, belaubte Zweige, Farne, Huflattichblätter oder auch Grassoden. Ihr deckt das Dach von unten nach oben. Wichtig ist, daß das Material *dick* aufgelegt wird. Wichtig ist auch der Neigungswinkel von 45° und steiler. Nur bei diesem Winkel läuft das auftreffende Wasser schnell genug ab. Jedenfalls so schnell, daß es keine Zeit hat, durch das Gras hindurch ins Bett zu sickern. Auch wenn der Regen deshalb sauer sein sollte, Hauptsache, ihr bleibt trocken. Das Bett bereitet ihr dann in der beim Campbau erlernten Weise mit dicker Matratze, und zu guter Letzt: Mütze übern Kopf, Socken an, dann kann die Zudecke notfalls etwas dünner sein.

84

76. Der Bau eines Bootes

Der Kursus neigt sich dem Ende zu. Also ist wieder etwas Besonderes fällig: Wir bauen ein Boot. Die Materialien dazu tragt ihr am Gürtel, in Form des Bindfadens und des Regendaches. Ich gehe davon aus, daß es noch unversehrt ist, sonst flickt etwaige feine Löcher mit Lassoband (von beiden Seiten). Für den Bootsrahmen besorgt euch gerade, glatte Äste aus einer Hecke. Ihr benötigt fünf lange à 2,50 m und 20 fingerdünne zwischen 70 und 150 cm Länge. Als Bauplatz wählt ihr einen Untergrund, in den ihr die angespitzten Stöcke gut hineinstecken könnt. Wie das aussehen soll, zeigt euch die folgende Zeichnungsserie (Nr. 85).

Zunächst wird der obere Bogen gespannt und in die Erde gesteckt. Er wird später der Bootskiel sein. Dann biegt ihr vom Bug zum Heck an jeder Seite einen weiteren langen Ast als Bootsrand. Mit Bindfaden knotet ihr die sich vorn und hinten kreuzenden drei Äste gut zusammen. Dabei ist es wichtig, daß ihr nicht mit Bindfaden spart. Es sind viele stramme Umwicklungen nötig. Die Äste dürfen sich später unter Druck nicht hin- und herschieben lassen.

Als nächstes verbindet ihr, wie auf der Zeichnung zu sehen ist, im vorderen und hinteren Viertel je einen Ast quer von Bootsrand zu Bootsrand. Sie halten das Boot besser in Form.

Jetzt biegt ihr die Spanten über den Kiel. Ihr steckt das eine Ende innerhalb der Bootsumran-

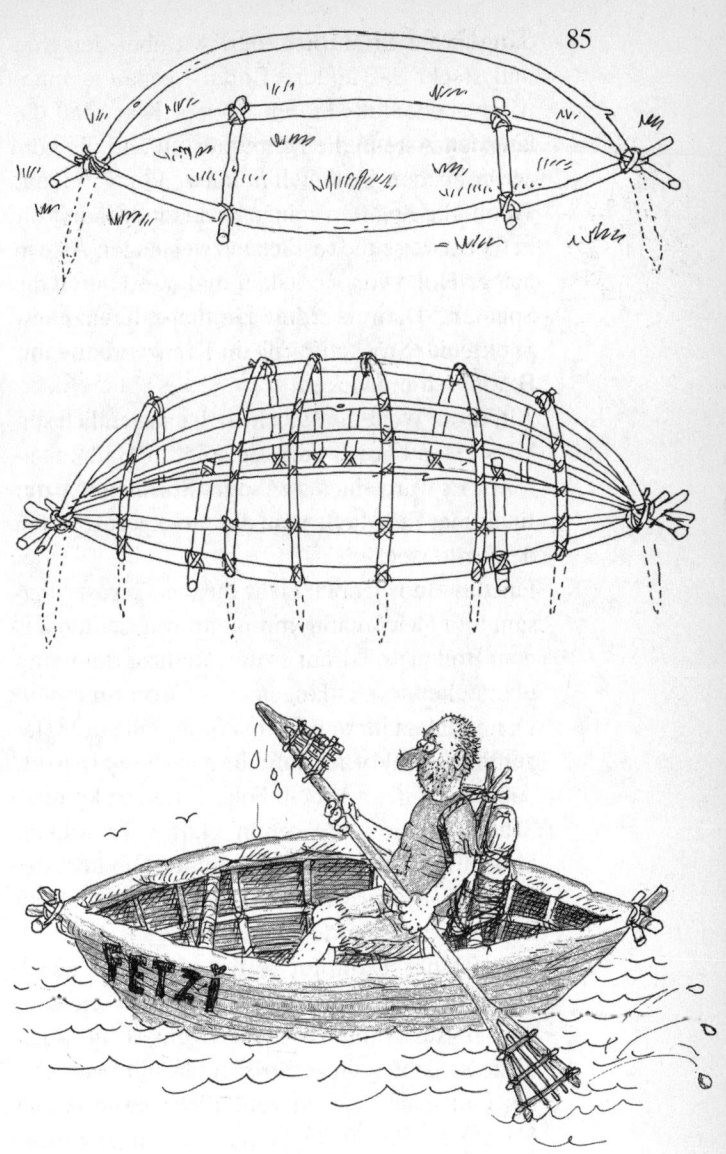

dung in die Erde, biegt den Ast über den Kiel und steckt das andere Ende – genau symmetrisch – ebenfalls in den Boden. Klar, daß die längsten Äste in die Mitte müssen und die kürzeren zu den Enden hin Verwendung finden. Wenn alle Spanten reingesteckt sind, fädelt ihr in Flechtweise die restlichen zwei langen Äste in halber Höhe von Bootskiel und -rand durch die Spanten. Dann werden sämtliche Kreuzungspunkte der Stöcke kräftig im Kreuzverband mit Bindfaden umwickelt.

Auf diese Weise ließe sich auch ein ziemlich stabiles Haus bauen, zum Beispiel in Halbkugelform. Es wäre eines, das sogar Stürmen trotzte. In diesem Falle ließe man das Stockgerüst fest in der Erde stecken.

Für das Boot jedoch zieht ihr das Gerüst langsam und gleichmäßig mit mehreren Leuten aus dem Boden und dreht es um. Reduziert unnötig überstehende Astlängen auf 5-cm-Stumpen. Dann schlagt ihr den Bootskörper mit eurer Regenfolie ein. Vorher habt ihr euch vergewissert, daß kein spitzer Ast die Folie verletzen könnte. Schneidet die Äste schön glatt oder wickelt Grasbüschel um kritische Punkte. Die überstehende Folie wird ins Boot geschlagen und an den Aststummeln festgebunden.

Nun ist der Dampfer fertig. Aber mit euren Turnschuhen würdet ihr ihn zu leicht verletzen. Also polstert ihr ihn wie ein Vogelnest. Ihr werft dicke Schichten Gras, Stroh oder/und Laub hinein und macht's euch gemütlich wie in einem Vogelnest. Als Paddel tut's ein langer Stock,

und wenn er an beiden Seiten eine Astgabel hat, die ihr noch mit Geflecht effektiver macht – um so besser. Weil ein solches Boot in unruhigem Wasser leicht kippen könnte, ist zur Stabilisierung ein kräftiger, langer Ast sinnvoll, der in der Mitte quer zum Boot angebracht wird und an dessen äußeren Enden ihr je einen Schraubkanister vertäut. So wird aus dem Kanu ein Auslegerboot.
Im Notfall ließe sich damit der Verletzte nach Hause transportieren. Aber auch Unverletzte, ich kann's schwören, werden das Fahrzeug zu schätzen wissen, weil's ein echter »Gäck« ist. Auch für eure Ausstellung in der Schule.

77. Das Feuerspucken

Jede Vorstellung braucht ein eindrucksvolles Ende, auch euer späterer Vortrag in der Schule, und wirklich eindrucksvoll ist das Feuerspukken.
Ich lehre es auch während der Survivalkurse, und es waren noch keine Mädchen oder Jungs dabei, die es nicht erlernt hätten.
Ich wiederum habe das Feuerspucken von meinem Freund Heinz Rox-Schulz gelernt, der heute ein kleines Abenteuermuseum »Zum Anfassen und Zuhören« in Saarbrücken leitet (Altes Rathaus). Ihr solltet es und ihn einmal besuchen und könnt euch dann bei der Gelegenheit das Feuerspucken von ihm selbst zeigen lassen, falls ihr es anhand der folgenden Beschreibung nicht kapiert. Oder das Feuerschlucken, das ist nämlich etwas anderes. (Roxy macht übrigens auch, gegen Barzahlung, Abenteuerkurzfahrten auf Wildwassern in der Nähe des Saarlandes und mehrtägige Ausritte mit Pferden.)
Feuerspucken wirkt durch die gewaltige Stichflamme. Der Zuschauer glaubt, der »Spucker« müsse vor Hitze zu Bratfleisch werden. Aber das ist nicht der Fall, wenn er es richtig durchführt. Wer es falsch macht, hat die Anleitung nicht gewissenhaft gelesen und ist selbst schuld. Von solchen verabschiede ich mich hiermit schon mal. Die Rückzahlung des Geldes für dieses Buch wird ihm nichts mehr nützen.

Vier Warnungen vorweg:
- Nicht gegen den Wind spucken!
- Nie in Räumen mit automatischer Feuerlöschanlage vorführen!
- Nie in Räumen mit leicht entflammbaren Materialien spucken!
- Macht's am besten im Freien.

Und: Rüdiger haftet nicht für Schäden, die ihr anrichtet! Und nun geht's los: Zuerst übt ihr mit Wasser. Nehmt einen großen Schluck in den Mund und sprüht ihn staubfein mit dem Wind aus. Solange ihr noch Tröpfchen spuckt, gelingt der Trick nicht. Also: Lippen zu und mit voller Puste staubfein raus mit dem Wasser! Wenn ihr das könnt, nehmt ihr statt des Wassers Petroleum, nichts anderes, nur Petroleum. Vorher entzündet ihr eine Fackel oder eine aufgerollte Zeitung, es muß eine große Flamme geben, Kerzen und Feuerzeuge sind ungeeignet. Diese Fakkelflamme haltet ihr 20 cm vor den Mund und blast das »staubige« Petroleum mit größtem Druck durch die Flamme. Eure ausgeatmete Luft enthält noch reichlich Sauerstoff. Dieser Sauerstoff, vermischt mit dem Petroleum, ergibt das Explosionsgemisch. Sobald es die Flamme erreicht, entzündet es sich und knallt los. Pustet also stark, damit das Gemisch und somit die Flamme kräftig nach vorne wegschießen.

Das hört sich zunächst so an, als sei damit eine große Gefahr verbunden. Ein gewisses Herzklopfen wird sich anfangs auch nicht vermeiden lassen, aber das legt sich nach der dritten Explosion.

78. Zaubertrick Nr. 5: Der Eierbeutel

Der Eierbeutel ist ein simples Untensil, mit dem man kleine Gegenstände verschwinden oder erscheinen lassen kann. Zum Beispiel die Schachtel Zigaretten für den Daumentrick (Kapitel 60) oder die Kerze für den Trick mit dem durchgeschmolzenen Seil oder ein Ei fürs Abendbrot. Mit diesem Trick werden Hühner arbeitslos und überflüssig; deshalb Eierbeutel.

Ihr zeigt einen schwarzen Beutel vor. Er hängt über Kopf, also mit der Öffnung nach unten. Ihr greift von unten mit der Hand hinein, zeigt den Beutel von vorn und hinten. Ihr krempelt ihn sogar um und zeigt ihn erneut von vorn und hinten. Ganz offensichtlich ist der Beutel leer. Ihr präsentiert ihn sogar geöffnet, und beliebig viele Zuschauer können hineinfassen. Das Ding ist und bleibt leer. Logisch – denn man läßt den Zuschauer immer nur das sehen und fühlen, was die Verblüffung steigert und dem Trick nicht schadet. In Wirklichkeit befindet sich aber doch etwas im Beutel, nämlich das Ei. Es kann ein echtes sein oder ein künstliches (Deko-Geschäft, Zauberladen). Das künstliche ist haltbar und immer zur Stelle. Das echte schmeckt besser. Es sei denn, ihr verwendet es aus Übersättigung oder Geiz wochenlang. Somit wären wir bereits wieder beim Thema Ekelüberwindung, und das gehört nicht hierher.

Zunächst mal näht ihr euch einen solchen Beutel. Er muß aus mattschwarzem und undurch-

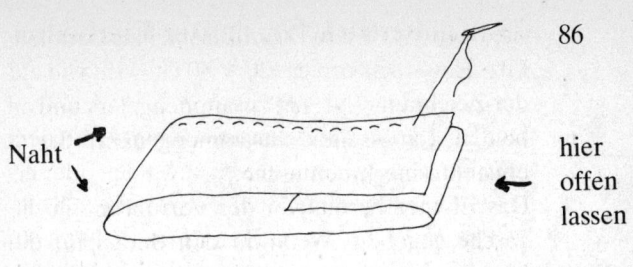

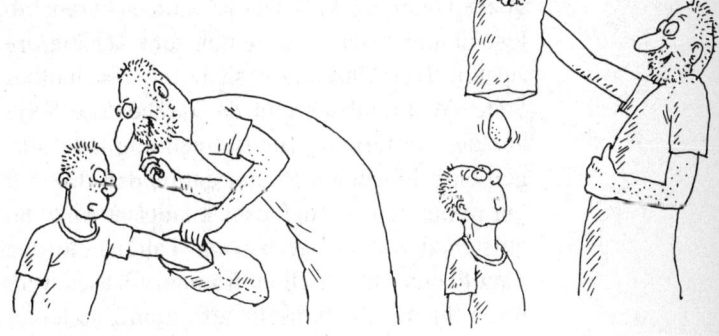

sichtigem Stoff sein. Zum Beispiel aus simplem Filz. Ein Stück von ca. 20 × 80 cm wird wie auf der Zeichnung (Nr. 86) zusammengelegt und an beiden Längsseiten zusammengenäht. Somit entsteht eine Innentasche.

Das Ei wird bereits vor der Vorführung in die Tasche gegeben. Wenn ihr den Beutel für die Vorführung das erste Mal anfaßt, greift ihr ihn am Boden (b) und laßt die Öffnung nach unten hängen. Das Ei kann nicht herausfallen, weil es in der Tasche ist.

Ihr hebt den Beutel in Augenhöhe und greift mit der rechten Hand von unten hinein. Ihr spreizt die Finger, um den Beutel schön glatt in voller Größe zeigen zu können. Von vorn und von hinten, gerne auch zweimal.

Nun krempelt ihr ihn um. Dabei hält die linke Hand das Ei fest, der Daumen ist im Beutel, die übrigen Finger halten es von außen.

Die rechte Hand stülpt den Beutel um. Sobald er halbwegs gewendet ist, kann die linke Hand helfen, ihn zu glätten und sauber über die rechte, gespreizte Hand zu ziehen. Wie einen Socken über den Fuß. Das Ei kann nicht rausfallen. Ei und Tasche sollten nun zum »Zauberer« zeigen. Der Zuschauer sieht die taschenlose Seite. Während ihr ihm die taschenlose Seite aus der Entfernung zur Betrachtung laßt, sorgen eure Finger im Beutel dafür, daß der sich ein wenig bewegt, daß er geknautscht wird. So entstehen ständig wechselnde Falten, die den Sinn haben, die Taschenöffnung zu kaschieren, wenn ihr die Taschenseite jetzt zum Zuschauer hindreht. Ihr braucht dabei gar keine Hemmungen zu haben. Er sieht wirklich nichts, wenn es ein matter, schwarzer Stoff ist. Außerdem zeigt ihr ihm die Taschenseite nur kurz, und die harmlose Seite ein zweites Mal und auch länger.

Wieder erfaßt die linke Hand das Ei mit der Tasche, und ihr krempelt den Beutel zurück. Paßt auf, daß nun, wenn er gewendet ist, die Öffnung wieder zum Boden zeigt. In dieser Stellung faßt die linke Hand mit den vier Fingern in den Beutel und hält – mit dem Daumen von außen – das Ei. Die rechte Hand sorgt dafür, daß der Beutel geöffnet wird.

Nun geht ihr zu mehreren Zuschauern und bittet sie, in den Sack zu greifen. Keiner kommt auf die Idee, zwischen euren Fingern der linken Hand etwas zu vermuten. Alle werden überzeugt sein, daß der Sack leer ist. Gebt auch den Neunmalklugen eine Chance hineinzufassen. Um so blamierter sind sie, wenn hinterher doch das Ei herauskommt.

Danach dreht ihr den Beutel mit der Öffnung nach oben. So, wie ein anständiger Mensch einen hilfreichen Beutel normalerweise auch tragen würde.

Dabei laßt ihr das Ei aus seiner Tasche in den Beutel rutschen. Gern könnt ihr noch euren Mund vorzeigen, damit sich jeder überzeugen kann, daß er leer ist. Und dann blast ihr in den Beutel, um zu irritieren.

Und nun schließlich laßt ihr das Ei herausrollen. Macht das über die taschenlose Beutelseite, sonst rutscht das Ei womöglich zurück in die Tasche. Aber selbst das wäre nicht schlimm, es verlängert den Trick und erhöht die Spannung. Und das wär's schon. Der Eierbeutel könnte gleichzeitig der Behälter werden für eure sämtlichen Zauberutensilien. Er wäre außerdem ein praktisches Geschenk für alle möglichen Anlässe.

Hier noch zwei Varianten: Auf dieselbe Weise kann man auch etwas verschwinden lassen...
Oder ihr präpariert das Kunstei, in das ihr am stumpfen Eiende ein kreisrundes Loch von 15 mm Durchmesser hineinschmelzt.

Und bei irgendeiner Gelegenheit, um z. B. ein Seidentuch oder ein Stück Bindfaden verschwinden zu lassen, nehmt ihr das Ei unbemerkt in die linke Faust. In der rechten habt ihr das Seidentaschentuch oder den Bindfaden. Und das stopft ihr peu à peu in die Faust, d. h. in das Ei. Zuletzt zeigt ihr das Ei so vor, und der Zuschauer glaubt, das Taschentuch hätte sich in ein Ei verwandelt. Freude, Freude.

VI. Danach

79. Auswertung per Tageszeitung, Illustrierte, Schülerzeitung

Ihr hattet Kosten, und die solltet ihr wieder einspielen. Für euch als Anfänger gibt es da zunächst die Möglichkeit über die regionale Tageszeitung. Vielleicht kann euer Schulleiter hier vermitteln. Das ist immer besser, als sich selbst anzubieten. Vorteil: Eure Aktion wird bekannt. Sie erhält durch das gedruckte Wort einen höheren Stellenwert und beschert euch mehr Zuschauer zu eurem Vortrag.

Von Fall zu Fall wird es verschieden sein, ob ihr den Text selbst schreiben dürft oder nicht. Der Professionalität wegen wird das meist ein Berufsjournalist tun, und ihr steuert die Fotos bei. Nachteil: Was ihr dafür bekommt, sind allerdings immer nur ein paar Zehnmarkscheine.

Vielleicht habt ihr das Glück, daß eine Illustrierte anbeißt; dann regnet es schon Hunderter. Das könnte der Fall sein, wenn ihr besonders gute Fotografen unter euch hattet.

Aber auch wenn ihr gar nichts verkaufen könnt, ist das kein Grund zur Verzweiflung. Fragt euch nüchtern und kritisch, woran es gelegen haben mag. Vielleicht ist das Thema einfach »durch«, vielleicht sind die Fotos und die Story nicht ausreichend, vielleicht hat die angesprochene Zeitung nicht das Gespür für Survival – versucht, es zu analysieren. Vielleicht sind die Zeitungsleute so ehrlich und sagen die Wahrheit. In der Schülerzeitung (falls bei euch vorhanden) werdet ihr die Story bestimmt los – allerdings wohl honorarfrei.

Auf jeden Fall bleibt euch der Trost, daß die Woche auch ohne das Training – also daheim auf Stuhl oder Mofa – Geld gekostet hätte. Rechnet einmal nach, was ihr sonst für eure Hobbys ausgebt; sicher sind die Kosten der Woche dagegen Bagatellbeträge. Und der letzte Trost sei dieser: Auch ich werde beileibe nicht alles los, was ich loswerden möchte. PR-Arbeit ist nämlich nicht nur eine Frage des Könnens und der Beziehungen, sondern auch des Glücks!

80. Dia-, Film- und Actionvortrag

Zumindest mit einem Vortrag für Freunde, Nachbarn, Eltern, Lehrer und Schüler müßtet ihr ein paar Einnahmen erzielen. Pro Person ein Eintrittsgeld von einer bis drei Mark – das wäre durchaus angemessen. Kinokarten sind teurer, und was man da sieht, ist Massenware. Euer Auftritt ist *live*. Immerhin bietet ihr folgendes:
- 30 Minuten Dias
- 30 Minuten Videofilm
- 30 Minuten Vorführung eurer Kunststückchen.

Darüber hinaus könntet ihr die Basteleien ausstellen: vom Löffel über die Körbe bis zum Floß. Ihr müßt abseilen und euch quer durch die Aula hangeln – hoch über das zeitweilige »Hindernis« Eltern und Lehrer hinweg. Das muß ohne Pause, Schlag auf Schlag kommen. Vor- und nachher verkauft ihr eure selbstgesuchten Tees als Getränke, Salate, backt Stangenbrot auf dem Schulhof, macht Polaroidfotos von den Gästen und empfehlt euch mit einem ausführlichen Zauberprogramm (20 Minuten) für Festlichkeiten. 30 bis 50 Mark an Honorar wären sehr preiswert. Um eure erlernten Tricks zu einem größeren Programm auszufeilen, empfehle ich euch den Kontakt zum regionalen Zauberartikelladen (Branchenbuch). Oder ihr kauft euch das Buch »Zaubern« von Friedrich Stutz, Falken-Verlag. Es macht euch für etwa 30 Mark zu

regelrechten Profis, eine Ausgabe fürs Leben.
Für Interessenten an solchen Zauberaufführungen habt ihr eure Anschrift auf Zettelchen vorbereitet. Wichtig ist die Telefonnummer, nur wenige Leute schreiben gern.
Ihr umrahmt das Programm mit möglichst eigener Musik und ladet die Presse dazu ein – und vor allem auch den hilfreichen Bauern. Wenn der aus Zeitgründen nicht kann, könntet ihr ihm und seinem Nachbarn in *seinem eigenen* Haus einen Vortrag halten, eine gute Gelegenheit für eine Generalprobe.
Leute, die euch geholfen haben, genau wie die Eltern der Beteiligten und die Presse, sollten selbstverständlich eine schön gestaltete *Freikarte* erhalten. Das kann ein Foto sein mit allen Unterschriften der Teilnehmer, das kann eine Zeichnung sein auf Karton, oder das können gepreßte Pflanzen sein.
Auch ein Plakat solltet ihr entwerfen, das ihr zigfach in eurem Stadtteil aushängt. Haltet es schwarzweiß, dann könnt ihr es besser fotokopieren. Achtet darauf, daß Ort, Datum und Zeit vermerkt sind und die Sonderleistungen erwähnt werden (Tee, Säfte, »selbstgebackenes Brot direkt vom Stock«...).
Vielleicht hat jeder von euch einen Kurzbericht über das Training geschrieben, und ihr gestaltet damit ein Buch – mit Fotos. Ein Muster legt ihr aus, und wer will, kann weitere kaufen, die ihr dann hinterher anfertigt. Und an allem muß 'ne Mark übrig sein. Wenn's gut gemacht ist, zahlt jeder Kunde gern und ohne Reue.

81. Greenpeace: »Mensch, ich hab 'n Rohr!«

Was DU selbst tun kannst.

Taten statt Warten.
Taten statt Torten.
Klotzen statt Motzen.

Das wissen wir. Das Allerwichtigste am Umweltschutz aber ist, daß er beim anderen anfangen muß und er uns in Freiheit und Luxus nicht persönlich einschränken darf.
Falls ihr jedoch zu jenen wenigen zählt, die aktiv werden wollen, unabhängig vom Survival-Projekt, habe ich hier eine Idee, die von Greenpeace stammt, von Monika Griefahn und Dr. Michael Braungart. Sie kostet etwas Zeit, etwas Geld und ist wie zugeschnitten auf Schulen, und sie ist sinnvoll angewandte, praxisbezogene Chemie und Physik.

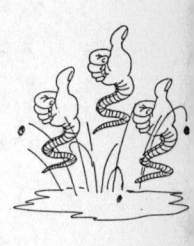

Die Idee lautet: Eure Klasse übernimmt die Patenschaft für ein Abflußrohr. So wie der BUND bereits die Patenschaft für Bäche initiiert hat. Das soll im Klartext bedeuten: Ihr sucht euch in eurer Nähe ein Abflußrohr. Gern auch die öffentliche Kläranlage. Dort entnehmt ihr in unregelmäßigen Abständen – auch überraschend nachts – Wasserproben, und die untersucht ihr in eurem Labor. Wenn es dafür noch nicht eingerichtet ist, holt dies nach. Bei Greenpeace (Vorsetzen 53, 2000 Hamburg 11) gibt es den »Schadstofftester« Bestell-Nr. 60001, DM 147,50. Das sind »Chemikalien und Ausrüstung für Schadstoffnachweise, ausführliche Testanleitungen, Grenzwertangaben, Adressen, Erklärungen von Fachbegriffen, Tips zum Umgang mit Verursachern und Behörden«.

Oder ihr laßt die Proben auf Schadstoffe hin untersuchen. Der preiswerteste Laborant zur Zeit soll sein: Analytische Laboratorien, Wahlwies, 7768 Stockach 14; Telefon 07771-5557.

Bei der zuständigen Umweltbehörde erfragt ihr, was und wieviel in das Rohr eingeleitet werden darf und wann eine Verbesserung vorgesehen ist. Sprecht mit dem Verursacher. Ihr sollt ihm nicht die Scheiben einschlagen, sondern in sachlich-nachbarschaftlicher Weise über ihn ermitteln. Was er einleitet und wann es zum geschlossenen Eigenkreislauf kommt.

Über eure Aktivitäten und die Gespräche führt ihr genau Protokoll. Ihr kontrolliert die Einhaltung der Versprechen. Veröffentlicht die Resultate in der Schülerzeitung und wendet euch an die regionale Tagespresse, wenn etwas nicht stimmt oder besonders lobenswert ist. Seid vor allem wach und laßt euch nicht verschaukeln. Denn es geht auch um euren Fluß, um euer Wasser und eure Nordsee. Deren Verschmutzung aber beginnt bereits im Binnenland, bei euch zu Hause im Spülstein, im Mülleimer und – wie gesagt – beim Abflußrohr. Wie wär's also?

Paten statt Warten (in eurem Falle)
Taten statt Torten (in meinem Falle)
Klotzen statt Motzen (in unserem Falle)

82. Schlußwort

Mit diesem Ratschlag sei unser Lehrgang beendet. Möge er euch gefallen haben, möge euch das Erlernte gezeigt haben, wozu man in der Lage ist, wenn man es nur erklärt bekommen hat. Möge das Gelernte euch zufrieden, glücklich und noch selbstbewußter gemacht haben. Gesundes Selbstbewußtsein – das brauchen wir dringend fürs Leben. Lernt euch zu wehren gegen Ungerechtigkeit und Gefahren, aber verlernt mit zunehmender Stärke nicht, bedrohten Minderheiten, einschließlich der geschundenen Natur, zur Seite zu stehen, auch dann, wenn ihr dabei gegen den Strom schwimmen müßt. Ihr wißt ja: Nur tote Fische schwimmen *mit* dem Strom.

Im Grunde bin ich ja wahnsinnig. Da züchte ich mir Konkurrenz heran, der ich bald nicht mehr gewachsen sein werde. Fetzer-Freaks, die mir über den ergrauten Kopf wachsen. Wo mir nichts bleibt als der Trost, daß Konkurrenz auch kreativ macht. Aber vielleicht ist das die Lösung, denn so können wir das Thema Survival gemeinsam ausbauen.

Bedenkt bei allem, was ihr in den fünf Tagen gelernt habt, daß dies nur ein erster Einstieg war in das unbegrenzte Thema SURVIVAL. Vielleicht ermutigt dieser Anfang euch, das Erlernte in der Praxis anzuwenden. Bei einem Trip durch Skandinaviens Einsamkeiten und Schönheiten, oder ganz einfach bei Exkursionen durch die Großstadt (wie im Buch »Let's fetz« bereits angeregt).

Dieses Grundwissen wird euch in die Lage versetzen, je nach Lust und Ambition die anderen Übungen meiner Survival-Bücher nach und nach ebenfalls in euren Wissens- und Fähigkeitenschatz aufzunehmen. Aus der Fülle der Beispiele wählt die, die euch auf den Leib geschnitten sind. Nicht jeder interessiert alles, und nicht jeder kann alles können.

Niemals wird man ausgelernt haben, aber sicher wird sich irgendwann der Wunsch in euch regen, einen Fortgeschrittenenlehrgang zu erproben. Einen, den ihr euch dann selbst ausdenkt, dessen Schwierigkeitsgrad ihr selbst bestimmt und steigert. Das könnte z. B. eine lange Wanderung sein, auf der ihr nur den Überlebensgürtel dabeihabt. Zunächst in Deutschland, dann im nordischen Ausland. Zunächst zu zweit, dann allein. Zunächst im Sommer, und schließlich im

Winter. Wichtig ist, sich allmählich zu steigern und nicht gleich mit dem Extrem anzufangen. Bereits auf den einfachen Trips werden Körper und Psyche euch eure Grenzen zeigen. Wenn ihr erschöpft zusammenbrecht, wenn Apathie die Überhand gewinnt, wenn sie stärker wird als der Wille. Wenn ihr zum Skelett abmagert, wenn die Füße durchgelaufen sind, oder wenn Myriaden von Insekten an euch (und ihr an ihnen) Survival praktizieren.
Ich wäre ehrlich interessiert zu hören, wie's bei euch gelaufen ist. Ob ihr Verbesserungsvorschläge habt oder mein turboides Floß noch überbieten konntet, oder ob ihr meint: Wir haben die Lösung, wo ist das Problem?
Auch Fragen beantworte ich grundsätzlich. Sie dürfen aber nicht in einem meiner Bücher bereits beantwortet sein. Ich gebe auch keine Beratungen, für die der Fachhandel, Reisebüros oder Globetrotterläden zuständig sind.
Ferner erwarte ich bei Fragen beigelegtes Rückporto.

Und damit verabschiedet sich bis auf weiteres euer
> Rüdiger Nehberg, alias Sir Vival
> Stephanstraße 62 a
> 2000 Hamburg 70

83. Allerletzte Warnung

Je besser du planst, desto härter trifft dich der Zufall. Also plane dich nicht zu, und laß dem Zufall eine Chance. Erst das Restrisiko macht aus dem spannenden Erlebnis ein Abenteuer.